D1829714

Mosaik
bei GOLDMANN

Buch

Verunglückte One-Night-Stands, kurze Beziehungen oder immer wieder Liebeskummer – woran liegt es, dass Frauen sich anscheinend immer wieder den falschen Mann aussuchen? Lässt man sich zu schnell auf einen Mann ein, ist Sex oft die einzige Grundlage – und damit sind viele Beziehungen auf Sand gebaut und zerbrechen meist so schnell, wie sie begonnen haben.
Damit beim nächsten Mann alles besser wird, hat Laurie L. Seale über 1000 Fragen zusammengestellt, die jeder Frau helfen, mehr über den Partner zu erfahren und Gemeinsamkeiten zu entdecken: kleine Eigenarten und lieb gewonnene Verhaltensmuster, Zukunftsplanung und Kindheitserlebnisse. Kurze Fragekombinationen helfen auch dabei, den anderen schnell einzuschätzen, zum Beispiel zum Thema »Erstes Date« oder »Was macht jemanden für dich attraktiv?«. Für alle, die sich selbst und ihre Mitmenschen schneller kennen lernen und besser einschätzen wollen.

Autorin

Laurie L. Seale, Jahrgang 1966, wuchs in Texas auf und studierte Marketing an der Universität in Austin, Texas. Sie war als Unternehmerin tätig; seit über 12 Jahren arbeitet sie in einer bekannten Marketing- und Anzeigenagentur.

Laurie L. Seale

Das etwas andere Vorspiel

Die wichtigsten Fragen, die Sie ihm stellen sollten, ehe Sie mit ihm schlafen

Aus dem Amerikanischen
von Beate Gorman

Mosaik
bei GOLDMANN

Umwelthinweis:
Alle bedruckten Materialien dieses Taschenbuches
sind chlorfrei und umweltschonend.

1. Auflage
Vollständige Taschenbuchausgabe August 2004

Originaltitel: Five Hundred Questions to Ask Before You Ask Them to Bed
Dieses Werk wurde vermittelt durch die Literarische
Agentur Thomas Schlück GmbH, 30823 Garbsen
Umschlaggestaltung: Design Team München
Umschlagfoto: Picture Press
Redaktion: Irma Hoffmann / Lucy J. F. Peterhans
Satz: Barbara Rabus, Sonthofen
Druck: GGP Media, Pößneck
Verlagsnummer: 16463
Kö/Schl · Herstellung: Ina Hochbach
Printed in Germany
ISBN 3-442-16463-X
www.goldmann-verlag.de

Für Mom und Dad
für jenen schicksalsträchtigen Morgen,
als sie ihre Scheidung ankündigten
und ich als naive Fünfzehnjährige fragte:

*Warum halten manche Ehen
und andere nicht?*

Danksagung

Dieses Projekt wurde durch folgende Personen ermöglicht, die mir ihre Zeit schenkten, großzügige Unterstützung gewährten und mich inspirierten:

Joe Goodwin, Sharon Kraus, Paul Ernest, Kevin Carothers, Dr. Phil McGraw, Bob Chimbel, Liz Trupin-Pulli, G. Vincent Pulli, Susan Daughton, Dr. Akira Numinjari, Clay Duncan, Diane, Frets, Kay und Elam Scull und alle Fans der Six Foot Blonde.

Danke …

Inhaltsverzeichnis

Bist du mein Seelenpartner?

Bist du mein Seelenpartner,
denn ich bin auf der Suche.
Ich bin mir nicht sicher, wie du aussehen,
schmecken würdest
oder wie du dich …
anfühlen würdest.
Aber ich bin mir sicher, dass ich es
wie durch Magie wissen würde.
Vielleicht wird mir jemand
auf die Schulter klopfen
oder mir einen wichtigen Hinweis geben.
Vielleicht wirst du ein Zeichen tragen,
denn ich bin auf der Suche.
Bist du klein?
Groß?
Liebevoll?
Bist du zierlich?
Großzügig?
Weißt du viel?
Ich muss gestehen,
dass ich keine Ahnung habe,
wie du aussiehst.

Daher frage ich alle
für den Fall,
dass du es sein könntest.
Bist du mein Seelenpartner?
Ich habe überall gesucht.
Ich bin ungeduldig.
Ich halte mein Kleid bereit –
weiß wie das Licht.
Ich bin bereit, es zu versuchen.
Bist du mein Seelenpartner?
Ich habe überall gesucht,
aber … nicht in meinem Innern.
Und jetzt ist es zu spät.
Und mein Kleid ist altmodisch.
So sitze ich hier –
allein.

Vorwort

Ich habe dieses Buch für meine Freunde und Freundinnen geschrieben. Mehr als einmal habe ich miterlebt, wie sie ganz geknickt waren, wenn die neue Freundin oder der neue Freund nicht anrief, kein Interesse zeigte, seine Liebe nicht demonstrierte – also die prä- oder postkoitalen Erwartungen einfach nicht erfüllte. Ich war Zeuge, wie niedergeschlagen, verletzt oder entmutigt sie waren. Und ich sah, wie ihre Selbstachtung praktisch gleich null war, wenn die neue Liebe das Weite suchte. Ich empfand diese endlose Wiederholung enttäuschender Begegnungen immer als sehr traurig. Schließlich waren es attraktive, kluge, intelligente Frauen und Männer, die Partner haben sollten, die sie für all die Dinge zu schätzen wissen, die mir an ihnen gefallen – Partner, die ihre wunderbare Individualität lieben.

Meine Freundinnen wollten wissen, wie ich mich in den schlammigen Fluten des Dating-Spiels über Wasser halten und meine Selbstachtung bewahren konnte. Das führte dazu, dass *ich* ihnen einige ernste Fragen stellen musste: Was wollten die *Jungs* von euch? Was waren *sie* bereit zu geben? Und was wolltet *ihr*? Und was wart *ihr* bereit zu geben? Gute Fragen, meinten sie. Wie weiß man eigentlich, was sich der Partner wünscht? Wie findet man heraus, wer der andere *wirklich* ist?

Meine ehrliche Antwort lautet, dass ich versuche, Abweisung

zu vermeiden, indem ich weit über den Zeitpunkt hinausblicke, an dem ich den Schritt in eine Beziehung wage oder mit dem neuen Partner ins Bett springe. Zu diesem Zweck stelle ich jede Menge Fragen. Und ich frage so lange, bis ich mir sicher sein kann, dass ich und mein »Geliebter« ähnliche ethische Wertvorstellungen haben und dass er von der Gefühlsseite her wirklich bereit für eine Beziehung ist und mir das, was mir wichtig ist, geben kann.

Meine ehrliche Antwort für meine Freunde und Freundinnen ist dieses Buch. Es ist mit humorvollen, relevanten und offenbarenden Fragen gefüllt, die Paare bei ihrer ersten Verabredung oder Paare, die sich bereits sexuell kennen gelernt haben, stellen können, um sich besser kennen zu lernen und mit denen sie bei der Beantwortung der Kernfrage jeder Beziehung Spaß haben können. Es geht um die grundsätzlichen Fragen: »Wer bist du? Passen wir wirklich zueinander?«

Dieses Buch enthält meine praktischen, nicht beurteilenden und humorvollen Ratschläge zu Abstinenz *und* Genuss. Als erfahrene Veteranin des Dating-Spiels stehe ich Ihnen zur Seite. Was mich auszeichnet? 21 Jahre Dating, keine Ehe, keine Scheidung, keine Kinder, aber (genau wie Sie) auf der Suche nach einem Partner, der dieselben Wertvorstellungen hat wie ich.

Sex ist etwas Wunderbares. Doch Sex mit einer Person, die man zu kennen glaubt, und die meint, Sie zu kennen, oder – schlimmer noch – Sie nicht gut genug kennt und der dies im Grunde sogar egal ist, ist eben nur Sex und nichts anderes. Und mit Sicherheit kein Ausdruck der Liebe oder das Fundament für eine liebevolle, anhaltende Beziehung. Wenn Sie auf der Suche nach einer Liebesbeziehung sind, müssen Sie Fragen stellen.

Wenn Sie gute, sinnvolle Fragen stellen, erhalten Sie Antworten, die die Vielfalt und emotionale Komplexität des Menschen, zu dem Sie sich hingezogen fühlen, widerspiegeln. Sie möchten den anderen genau kennen lernen, und der beste Weg dahin ist, möglichst viele Fragen zu einem Thema oder zu einer Wertvorstellung auf unterschiedliche Art und Weise zu stellen.

Menschen sind komplizierte Wesen. Dieses Buch basiert auf der Überzeugung, dass es eine wunderbare Erfahrung ist, sie in ihrer Vielfalt kennen zu lernen. Das ist die Grundlage für starke Liebe.

Einleitung und Informatives zum Thema »Kennenlernen«

Das hätte ich doch wissen müssen …

Wir alle kennen das Problem: Im Laufe der Beziehung zu einem Menschen stößt man früher oder später auf Eigenschaften oder Unstimmigkeiten, die man bei genauerem Hinsehen schon von Anfang an hätte erkennen können. Warum ist uns das nicht gelungen? Und wie können wir verhindern, dass uns das wieder und wieder passiert?

Indem wir zurückblicken und überlegen, was wir übersehen haben und *warum* wir es übersehen haben. Wenn wir mutig genug sind, uns zu erinnern, uns gegenüber ehrlich sind und Verantwortung für unser Tun übernehmen und nicht die Opferrolle spielen, stellen wir fest, dass wir oft wieder an dieser unbeständigen *Ausgangssituation* angelangt sind, weil wir eine bestimmte *Diskussion* nicht führen wollten. Und an irgendeinem Punkt in der Beziehung wird das Vermeiden dieser Diskussion unhaltbar. Daher ist es wichtig, sich zu fragen, welche Frage man nicht gestellt hat.

Nicht nur die spezifische Antwort auf die Frage ist wichtig, sondern auch die Diskussion, die entsteht, wenn diese Tür geöffnet wurde. Wie Sie in der folgenden Geschichte sehen werden, war es für mich und Phen (dies ist nicht sein richtiger Name) das Thema Religion und Toleranz. Letztendlich ging es um die Frage, welche Rolle die Religion in unserem Leben spielt und wie sich diese Wertvorstellung in unserem Alltag manifestiert.

Meine Kirche lebt jedes Mal, wenn ich mich aufs Fahrrad schwinge. Manchmal früh in der Morgendämmerung, wenn die Sonne langsam über dem Wasser aufgeht und ein zarter Nebelschleier am Horizont vorüberzieht. Das ist *meine Kirche*. Bei einer Geschwindigkeit von 35 Stundenkilometern lege ich schnell eine ganz ordentliche Strecke zurück und beobachte, wie mein Körper auf die Temperatur und die Straßenbedingungen reagiert – und ich erlebe eine tranceartige Ruhe, während ich meditiere und die Überraschungen des Lebens aufnehme und entscheide, wie ich die nächste Unebenheit bewältigen werde. Die Zeit, die ich auf dem Fahrrad verbringe, ist meine Zeit, in der ich über das Leben nachdenke und darüber, wie dankbar ich dafür bin zu leben, und überlege, welchen über mich selbst hinausgehenden humanitären Wert ich ins große Ganze einbringe.

Phen hatte eine andere Sichtweise von Religion und Kirche. Er brauchte ein Gebäude, in dem seine Ehefrau neben ihm auf der Kirchenbank sitzen und Bibelverse lesen würde.

Beide Konzepte sind in Ordnung, aber nicht miteinander vereinbar. Manche Differenzen lassen sich handhaben, aber nur, wenn man sie diskutieren kann, statt über sie zu streiten.

Selbst heute tut es mir noch ein wenig weh, mir diese Episode ins Gedächtnis zurückzurufen. Der Sommer, in dem ich 34 wurde, war auch das Ende einer ernsten Beziehung – der ersten, von der ich geglaubt hatte, dass sie zu einer Heirat führen könnte. Tatsächlich war das schmerzliche Ende dieser Beziehung ein weiterer Anstoß, dieses Buch zu schreiben.

Ich hatte zufällig einen charmanten Mann kennen gelernt: attraktiv, klug, athletisch, um nur einige der Eigenschaften zu nennen, die für mich bei einem Partner fürs Leben wichtig sind. Ich stieß dabei jedoch auch auf eine grundsätzliche Unvereinbarkeit, die ich aber irgendwie monatelang ignorieren konnte, bis es eine unhaltbare und offensichtliche Differenz war, die sich nicht überwinden ließ.

Ich hatte Phen im Fitnessstudio kennen gelernt. Ich weiß noch, wie ich meine zehnte Wiederholung mit der Langhantel durchführte und plötzlich sein lächelndes Gesicht vor mir sah. Er schien amüsiert, und ich konnte der Verlockung nicht widerstehen, mit einer neunmalklugen Bemerkung zu kontern. Schach und Schachmatt. Und so begann die intellektuelle Masturbation, die sechs Monate lang andauerte.

Phen trug einen Silberring mit einem Kreuz in der Mitte. Ich fragte, was es damit auf sich habe, und er erwiderte, es sei ein Geschenk seiner Eltern. In meinem Kopf, aber nie verbal, tat ich dies als eine Sentimentalität ab, die nichts mit Fanatismus zu tun hatte. Wie sich herausstellte, traf beides nicht zu. Das Kreuz war wichtig für ihn, da es einen unerschütterlichen Wert symbolisierte.

Ich hatte immer eine offene Einstellung zur Religion und war stets davon ausgegangen, dass wir in religiösen Kreisen alle miteinander klarkommen würden. Ich dachte, dass meine Akzeptanz anderer Menschen – seien sie Buddhisten, Moslems oder

Anhänger irgendeiner anderen Religion – sowie Respekt und Liebe dafür sorgen würden, dass wir alle in demselben Sandkasten würden spielen können. Okay, ich gebe zu, dass das naiv von mir war. Letztendlich musste ich feststellen, dass mein Angebeteter eine andere Einstellung hatte. Verschiedenheiten waren und blieben für ihn Verschiedenheiten.

Stopp – wieso war ich diejenige, die Ablehnung erfuhr, wo ich doch Schwule, Heteros oder Punkt- und Pepitamuster akzeptierte? Wieso wurde ich abgelehnt, wenn ich gewillt war, gegenüber den Verschiedenheiten anderer Menschen offen und aufnahmebereit zu sein?

Die Tatsache, dass ich andere Überzeugungen akzeptierte und glaubte, dass unterschiedliche Religionen in demselben Haushalt ein Heim finden könnten, bedeutete nicht, dass mein Partner genauso empfinden würde. Immer wieder führten wir hitzige Debatten. Schließlich löste eine dieser Debatten die Frage aus, die zum Streit führte.

»Was in Gottes Namen soll das heißen, dass *Schwulsein* eine Entscheidung gegen Gott ist?«

Als mein Freund und ich die Phase rein körperlicher Anziehung hinter uns gebracht hatten und einander wirklich zuhörten, war es nur noch ein kurzer Schritt hin zu folgender Frage: »Also, wenn du glaubst, dass Homosexuelle in der Hölle brennen, gilt das auch für alle *Nicht-Christen*?«

»Oh, ja«, erwiderte er.

»Aha … Ich eingeschlossen?«, fragte ich.

Und er sagte: »Also, wenn du ganz wirklich eine *Nicht-Christin* bist …«

»Was soll das heißen?«, schrie ich.

Das Ergebnis dieser Debatte: Ich befand mich auf dem Weg in die Hölle und rechnete mir aus, dass er nicht plante, mich in einem weißen Kleid in die Kirche zu führen. Also stellte ich schließlich die unvermeidliche Frage: »Würdest du eine Nicht-Christin heiraten?«

»Nein, natürlich nicht«, lautete seine Antwort.

»Aber du kannst mit einer Nicht-Christin schlafen ...« Und hier verschwimmt das Ganze. Die Einzelheiten sind mir nicht mehr klar im Gedächtnis, denn ich schäumte vor Wut, die eine Maske für Kränkung und Verrat ist. Die Ungläubige war gut genug für alle Tage und als Bettpartnerin, aber nicht innerhalb der geheiligten, geweihten Wände einer »Bindung« und schon gar nicht einer Ehe.

Wir lernen aus dem Leben. Und manchmal trifft einen die späte Einsicht mit solcher Brutalität, dass man sich wirklich nur fragen kann, was um alles in der Welt man sich eigentlich eingebildet hatte.

Diesmal soll's für immer sein

Vielleicht sind Sie für eine lebenslange Partnerschaft noch nicht bereit. Das ist in Ordnung so. Aber Fragen sollten nicht nur für die Zeit reserviert sein, wenn Sie und Ihr Partner endlich bereit sind, sich das Jawort zu geben. Ganz im Gegenteil.

Irgendwann kommen Sie an dem Punkt Ihres Lebens an, an dem es Sie langweilt, wieder einmal Ihre Lebensgeschichte zu erzählen, an dem Sie die Melodramatik irritiert, die unerwartetes Verhalten begleitet, und an dem Sie die endlose Reihe erster Verabredungen, Geburtstage, Jahrestage leid sind. Sie sehnen sich nach einem Nachschlag – ein zweites Abendessen mit dieser sehr netten Person, die Sie neulich kennen gelernt haben, ein Anruf, nachdem Sie zum ersten Mal Sex miteinander hatten. Nun wird es offensichtlich, wie wichtig es ist, den Kontext eines anderen Menschen zu *verstehen*, sodass seine Aktionen Sie nicht überraschen – sei es die Tatsache, dass er Ihren Geburtstag vergisst, Ihnen ein Auto kauft, schwanger wird oder sich mit dem Dienstmädchen auf- und davonmacht.

An dem Tag, an dem Sie darüber nachdenken, ob Sie nur heute oder auf ewig miteinander auskommen könnten, sollten Sie den Betreffenden fragen, was er sehr vermissen würde, wenn es in seinem Leben fehlte. Fragen Sie, wie er zu dieser Schlussfolgerung gekommen ist. Anschließend sollten Sie sich fragen, wie gut die Antwort zu Ihrem Lebensstil passt. Seien Sie dabei ganz ehrlich zu sich selbst – und zu demjenigen, der Ihnen seine Antwort gegeben hat. Der Kontext *Ihrer* Realität wird sich schließlich offenbaren.

Und noch etwas: Ihre Fähigkeit, die Antwort des Betreffenden vorherzusagen – selbst wenn es jemand ist, der Ihnen »nahe« steht –, ist ein Zeichen oder zumindest ein wichtiger Maßstab dafür, wie gut Sie ihn wirklich kennen. Und Sie können Ihren Spaß dabei haben, es zu probieren! Das ist eine der positiven Erfahrungen des Lebens: Wenn wir die Menschen, die wir lieben, besser kennen lernen, verstehen wir auch uns selbst besser.

Wenn Sie meinen, jemanden gut zu kennen, suchen Sie sich drei beliebige Fragen in diesem Buch aus, und sagen Sie die Antworten des Betreffenden voraus. Menschen sind am ehesten bereit, sich zu engagieren und sich die Zeit zu nehmen, jemanden wirklich zu verstehen, wenn ihr persönliches Glück auf dem Spiel steht, wie es in einer Liebesbeziehung häufig der Fall ist. Deshalb sind Menschen beispielsweise bereit, den Freund oder die Freundin zu fragen, ob ihre Eltern auch schon Seelenpartner waren. Diese Frage sollte man eigentlich auch der eigenen Mutter in Bezug auf ihre Eltern stellen. Doch oft investieren wir nicht genug emotionale Energie, um andere kennen zu lernen, bis das »romantische Drama« unser Verlangen fördert, *mehr wissen zu wollen.* Viele Fragen in diesem Buch könnten beliebigen Personen (Verwandten, Freunden, Liebespartnern, Fremden) gestellt werden und als Einstieg dienen, sie besser kennen zu lernen.

Aber Vorsicht: Fragen an Ihre Mutter, wie sie gerne geküsst werden möchte oder ob sie Sex mag oder wie viel Sex sie braucht, um sich erfüllt zu fühlen, könnten für sie tabu sein. Doch vielleicht haben Sie und Ihre Mutter eine Beziehung, in der es keine Tabus gibt.

Was meinen wir eigentlich damit, wenn wir etwas als Tabu bezeichnen? Ich glaube, dass es keine Fragen gibt, die richtig, falsch, gefährlich oder unangemessen sind. In welchem Umfang Ihre Neugier befriedigt wird, hängt von dem Ausmaß an Vertrauen zwischen Ihnen und Ihrem Gegenüber ab. Für mich ist zum Beispiel eine Grenze erreicht, wenn der Betreffende sich nicht wohl dabei fühlt, diesen Teil seiner Persönlichkeit anderen zu offenbaren. Wenn jemand sagt, es sei ihm nicht angenehm, eine bestimmte Frage zu beantworten, ist es wichtig, seine Gefühle zu respektieren. Es ist vielleicht nicht die erwartete Antwort, aber zumindest ist sie ehrlich.

Diesen Selbstschutz zu akzeptieren ist genauso wichtig, wie die Frage überhaupt zu stellen, da Sie durch das Respektieren persönlicher Grenzen eine vertrauensvolle Basis zwischen sich und dem anderen schaffen. Der Versuch, die erhoffte Antwort zu erzwingen, steht in absolutem Widerspruch zu der Vorstellung, eine enge Beziehung mit der angemessenen Vorsicht aufzubauen. Unterdrücken Sie Ihre Ungeduld und Irritation in dem Wissen, dass Sie zunehmend häufiger offene *Antworten* auf Ihre Fragen hören werden, wenn die Grundlagen einer Beziehung stabiler sind. Und in der Zwischenzeit sollten Sie an Folgendes denken: Was andere Ihnen mitteilen, ist mindestens ebenso offenbarend wie das, was sie Ihnen *nicht* sagen wollen.

Ist es eigentlich in diesem Zeitalter der One-Night-Stands, der schnellen Romanzen, gebrochenen Herzen und desillusionierten Seelen so absurd, sich vorzustellen, dass es ganz bestimmt jemanden gibt, der dieselben Wertvorstellungen hat wie Sie und der die Dinge mag, die Ihnen gefallen? Der dieselben Gefühle hegt wie *Sie*? Vielleicht. Aber nur, wenn Sie nicht gewillt sind, sich selbst zu fragen, was Sie eigentlich wollen, oder einen potenziellen Partner, was ihm wichtig ist. Man kann den Weg, den man gehen muss, um jemanden wirklich kennen zu lernen, nicht abkürzen, schon gar nicht, indem man vorzeitig eine körperliche Beziehung eingeht in der Hoffnung, dass der andere sich dann schneller offenbaren wird. Sex ist kein Tauschgeschäft zur Förderung einer engen Beziehung und sollte es nie sein. Man muss sich einfach Zeit nehmen – aber nicht im Bett. Wenn Sex zu schnell eine Rolle spielt, ist dies eine Garantie dafür, dass Sie möglicherweise nie all die Wunder *echter Nähe* zwischen zwei Menschen erleben werden. Fragen Sie … vorher!

Ein lexikalisches Rätsel

Kulturen erfinden Wörter für Dinge, die für die jeweilige Gesellschaft von Bedeutung sind. Die Sprache der Eskimos kennt 95 Wörter zur Beschreibung von Schnee; eine Nuance kann für einen Reisenden, der sie nicht zu deuten weiß, den Tod bedeuten. Im Orient kennt man über 250 Wörter, um eine Vielfalt an Gefühlen auszudrücken – unter anderem die Zuneigung, die für Mutter, Geschwister oder die beste Freundin empfunden wird, und die ewige Liebe, die dem Ehepartner vorbehalten ist.

Andere Sprachen sind sparsamer, wenn es um den Ausdruck der Zuneigung geht. Wir haben jemanden gern, lieben, verehren oder schwärmen für jemanden, wobei sich die Frage stellt, wie man die einzelnen Begriffe definieren kann – besonders die Liebe. Wenn nicht alle dieselbe absolute Definition für Liebe haben, herrscht Verwirrung – nicht nur für uns selbst, sondern auch für diejenigen, denen wir unsere Zuneigung erklären.

Worin besteht der Unterschied zwischen »gern haben« und »lieben«?

Dies ist meine Definition von Liebe: Liebe ist absolut. Unerschütterlich. Bedingungslos. Sie ist die völlige Akzeptanz eines anderen Menschen, so wie er jetzt im Augenblick ist, ohne Veränderung. Liebe ist eine bedingungslose Verpflichtung auf Lebensdauer – nicht nur für heute, sondern für immer. Egal, was auch geschieht im Leben, die Liebe hält an. Sie wartet nicht, bis ein besserer Partner daherkommt, oder bis man seine Meinung ändert und etwas Neues und Enttäuschendes kennen lernt.

Gern haben ist alles andere ... bis zu diesem Punkt – selbst wenn man den anderen sehr mag. Gern haben kann Respekt umfassen, Verlangen, Lust, auch Bewunderung, aber es ist nicht die absolute Akzeptanz und mit Sicherheit ist es keine bedingungslose Verpflichtung. Gern haben bedeutet: *Ich bin immer noch dabei, dich kennen zu lernen – deinen Charakter und deine Wertvorstellungen –, und ich versuche, sie für immer ganz und gar zu akzeptieren.*

Online-Dating ist eine wertvolle Ressource, um jemanden kennen zu lernen. Missbrauchen Sie diese Ressource nicht, indem Sie »in Liebe« als Grußformel am Ende einer Nachricht verwenden oder um damit zunehmende Zuneigung zu demonstrieren. Dasselbe gilt, wenn Sie eine Beziehung persönlich erforschen.

Verwenden Sie das Wort »Liebe« nicht, solange Sie noch auf Entdeckungsreise sind und herausfinden müssen, ob Sie sich mit diesem Menschen fürs Leben binden könnten. Wenn man seine Liebe erklärt, gibt es kein Zurück mehr, und man kann es sich nicht mehr anders überlegen. Bis Sie also an diesem Punkt angelangt sind, was möglicherweise nie der Fall sein wird, sollten Sie das Wort nicht verwenden.

Ziehen Gegensätze sich wirklich an?

Ich habe immer an die Theorie geglaubt, dass Gegensätze sich anziehen, aber inzwischen hat sich meine Meinung grundlegend geändert. Für eine Ehe in einer angenehmen Partnerschaft bedarf es keiner »Arbeit«, wie man es uns lange hat weismachen wollen. Denn wenn die Beteiligten zueinander passen, ist alles ganz einfach. Sie müssen keine Kompromisse eingehen, weil beide sich dieselben Dinge im Leben wünschen und schätzen. Sie interpretieren die Welt auf dieselbe Art und Weise. Und bevor Sie sagen, das sei langweilig, versuchen Sie einfach einmal, Ihre Perspektive zu ändern und das Ganze mit anderen Augen zu sehen. Versuchen Sie, sich ähnlich zu sein. Das ist mit Kompatibilität gemeint.

Liegt da ein Fremder in meinem Bett?

Wenn Sie neben jemandem aufwachen, den Sie nicht erkennen (das gilt auch für Sie), könnte es daran liegen, dass Sie wichtige Fragen nicht gestellt haben. Die Fragen, die ich für Sie in diesem Buch zusammengetragen habe, werden Ihnen helfen, sich selbst und Ihren potenziellen Partner wirklich kennen zu lernen. Damit Sie am »Morgen danach« die Bettdecke über sich, aber auch über jemanden ziehen können, der Ihnen nicht nur vertraut, sondern auch ähnlich ist. Können Sie sich für diese Vorstellung erwärmen?

Ich glaube nicht, dass es ausreicht, sich *ein wenig* oder *etwas* ähnlich zu sein. Ich glaube, dass man sich *sehr* ähnlich sein muss. Manche bezeichnen dies als »Spiegelkonzept«. Oder als »Ich möchte mich mit mir selbst verabreden«-Syndrom. Vielleicht haben sie Recht. Doch Gegensätze hören sich in der Theorie romantischer an, als sie in der Praxis sind. Schön und gut, wenn Ihr neuer Partner leidenschaftlich ist – so leidenschaftlich, dass er Sie am liebsten die ganze Nacht über beglücken würde. Bis auf die Tatsache, dass er sie um zwei, drei, vier und dann wieder um fünf Uhr aufweckt. Genug ist genug, selbst wenn es etwas an sich Gutes ist. Oder vielleicht auch nicht, wenn Sie ebenfalls einen teuflischen, unersättlichen Appetit haben.

Denken Sie daran: Sie suchen jemanden, der Ihnen sehr ähnlich ist. Und die Voraussetzung dafür, diesen Menschen zu finden, ist, sich selbst und die eigenen Wünsche zu kennen und neugierig zu sein, einem anderen Menschen Fragen zu stellen und die Antworten klug auszuwerten.

Natürlich höre ich, was du sagst – zumindest jedes zweite Wort

Es ist recht einfach, das, was wir sehen wollen, auf andere Menschen zu projizieren. Daher ist es eine echte Herausforderung herauszufinden, wer sie wirklich sind, und ihnen genau zuzuhören. Dabei müssen wir gleichzeitig üben, die Widersprüche in ihren Antworten herauszuhören.

Wenn wir uns zu Menschen hingezogen fühlen, hören wir das, was wir hören wollen. Und hinter dem selektiven Zuhören erstreckt sich das weite Feld der Projektion – wir projizieren auf sie, was sie unserer Meinung nach meinen, was sie hoffentlich meinen und was wir uns wünschen. Die meisten Menschen täuschen nicht mit Absicht, aber selbst äußerst bescheidene Menschen stellen sich gerne positiv dar. Nach Meinung von Psychologen dauert es sechs Monate, bis man die Widersprüche zwischen Verhalten und Tun sieht *und versteht*. Stellen Sie Ihre Fragen also schnell – vielleicht ersparen Sie sich damit ein paar Wochen!

Wie bereits erwähnt, habe ich dieses Buch für meine Freunde und Freundinnen geschrieben, die mich fragten, wie ich wüsste, welche Fragen man stellen sollte, um festzustellen, ob jemand *emotional* verfügbar ist. So zum Beispiel Alexandra. Eines Morgens schrieb ich ihr schnell ein paar Fragen auf und verschickte sie per E-Mail – demselben Medium, mit dem wir andere oft kennen lernen. Nach einiger Zeit rief ich Alexandra an, um herauszufinden, welche Fortschritte das Austauschprogramm mit ihrer neuen Flamme machte. Ich stellte fest, dass die Person, mit der Alex ausging, ähnlich wie ich, ungeheuer informationsdurstig war. Das machte mich neugierig, und ich fragte Alex, ob sie den Betreffenden gefragt hätte, woher diese Besessenheit stammte. Alex meinte, es sei ihrer Meinung nach dieses und jenes. Ich fragte: »Das denkst du? Augenblick mal – hast du überhaupt gefragt?« – »Nein«, gestand sie, aber sie sei sich sicher, dass der andere genau das meinte. Ich fragte, wie viele Fragen sie eigentlich gestellt habe, und Alex gestand, dass sie überhaupt nicht gefragt hatte. Trotzdem meinte sie, die Antworten zu kennen.

Ich war schockiert und betroffen. Ich hatte einer Freundin die Möglichkeit gegeben, Zugang zu einem anderen Menschen zu finden, aber sie projizierte einfach ihre eigenen Antworten auf ihn. Aus diesem Grund war es noch immer ein Geheimnis für sie, ob der mögliche Partner ihr die Liebe schenken würde, nach der sie sich sehnte, oder ob sie die Liebe, die er zu geben bereit war, überhaupt wollte.

Wenn Sie nicht gerade ein Prophet sind, können Sie anfänglich, wenn Sie jemanden kennen lernen, die Fragen, die für ihn bestimmt sind, nicht beantworten. Es ist etwas ganz anderes, die Antworten eines Menschen zu interpretieren als Ihr Lebensverständnis auf ihn zu projizieren – denn selbst, wenn Sie mit seiner Interpretation nicht einverstanden sind, spiegelt sie dennoch wider, wie er seine Welt versteht, und Sie müssen wissen, welche Einstellungen er hat. Sie müssen wirklich verstehen, wie gut er sich selbst kennt.

Man kann einen Menschen auf dreierlei Weise betrachten: als Menschen, wie er sich selbst sieht, als Menschen, wie er von anderen gesehen wird, und als den eigentlichen Menschen. Bei einem Paar sind das *sechs* mögliche Versionen! Das Ziel besteht darin, diese sechs Versionen so nahtlos wie möglich an der Realität auszurichten. Aber wenn Sie nie die richtigen Fragen stellen oder wenn Sie sie stellen und sich dann die Antworten nicht aufmerksam anhören, werden Sie die Sichtweise anderer nie kennen lernen. Vergessen Sie nicht, dass das Hören nur ein mechanischer Ablauf ist. Aber zuzuhören, dem anderen wirklich zuzuhören – also nicht nur einzelne Wörter zu hören – ist ein ganzheitlicher Prozess.

Frauen, die behaupten, nicht nachtragend zu sein, aber ihren Ex als Scheißkerl bezeichnen, der ihr Leben zerstört habe, sind wahrscheinlich nicht ganz ehrlich. Denken Sie daran, dass wir andere nicht beurteilen oder die selbstgerechte Fahne der Überlegenheit schwenken sollten. Nur weil Ihre Lebensart für Sie die richtige ist, heißt das nicht, dass sie auch die richtige für alle anderen ist oder dass die von Ihnen getroffene Wahl besser als die anderer ist. Ein ehemaliger Freund hat mir das wiederholt erklärt, wenn ich mich aufs Fahrrad schwang, um eine weitere 50-Kilometer-Tour zu unternehmen, während er es sich auf der Couch mit der Fernbedienung in der Hand gemütlich machte. Wir sind nicht auf Erden, um festzustellen, wer Recht und wer Unrecht hat, denn falsch und richtig gibt es nicht. Es gibt nur das Ist, und ein anderer Mensch *ist* entweder mit Ihnen kompatibel oder nicht.

Warum ist Kompatibilität so wichtig?

Um einen kompatiblen Partner finden zu können, müssen wir erst einmal verstehen, wie Kompatibilität aussieht und sich anfühlt – ja, wie sie sich anhört. Wenn Sie mit einem anderen Menschen wirklich kompatibel sind, werden Sie das Gefühl haben, dass Ihre Sinne Feuer und Flamme sind. Im poetischen Sinn stimmt das auch, denn Geist, Körper und Seele sind verzaubert, entzückt, fasziniert, gequält, herausgefordert. Herausgefordert auf gesunde Art und Weise – intellektuell, emotional und spirituell – und nicht zu Kontrollzwecken. Vielmehr werden Sie herausgefordert, sich besser zu verstehen, und dadurch erhalten Sie das emotionale Navigationsmittel, neue Vollkommenheit zu finden.

Sie fragen sich wahrscheinlich, wie Sie jemals jemanden finden werden, der zu 100 Prozent oder auch nur zu 95 Prozent so denkt wie Sie. In Ordnung. Gehen Sie einfach mathematisch vor: Beginnen Sie mit einem gemeinsamen Nenner, und reden Sie zumindest über die Dinge, an die Sie glauben. Bald werden Sie festzustellen, in welchen Bereichen Sie sich unterscheiden. Sicherlich wollen Sie nicht eines Morgens aufwachen, um Ihren Partner in der Lotusposition vorzufinden, und sagen: »Du bist Buddhist? Warum hast du mir das nicht vorher gesagt?« Dabei wissen Sie ganz genau, dass Sie nicht gefragt haben.

Bewahren Sie Ihre verblüffte Miene für Ihren ersten Bühnenauftritt auf, und stellen Sie lieber fest, in welchen Bereichen Sie sich unterscheiden, um zu diskutieren, ob das ein Thema für Sie ist oder nicht. Wenn er Jude ist und Sie Katholikin und Sie sich beide – viel später einmal – Kinder wünschen und er nichts dagegen hat, dass seine Nachkömmlinge mit einem Rosenkranz herumlaufen, nach Weihrauch duften und nicht mit einem Dreidel spielen, hat es möglicherweise keinerlei Bedeutung, dass Sie bei sich zu Hause religiöse Splittergruppen haben. Maseltow! Aber Sie sollten sich nicht der Illusion hingeben, dass die magische Beziehungsfee »Lösungsstaub« herumstreuen wird und Sie von der Aufgabe befreit, die Bereiche zu diskutieren, in denen Sie sich unterscheiden.

Schnelle Lösungen, die an ein Wunder grenzen, kommen nur in Filmen vor. Im echten Leben geben manche Paare ihre Heiratspläne auf, auch wenn bereits die Einladungen verschickt wurden. Oder schlimmer noch: Sie heiraten trotzdem und lassen sich kurz darauf wieder scheiden, sodass sie praktisch nur eine »Ehe auf Probe« geführt haben. Oder noch viel schlimmer: Sie bleiben ein Leben lang zusammen, während sich immer mehr Wut und Groll breit macht – ein Zustand der Verleugnung, den manche Menschen als »erfolgreiche Ehe« bezeichnen. Denken Sie daran, dass Streitigkeiten einfach nur Wertvorstellungen widerspiegeln, die Sie nicht miteinander teilen. Je größer die Kluft zwischen diesen Wertvorstellungen ist, desto heftiger und häufiger ist der Streit.

Wenn ein Paar kompatibel ist, sind gar nicht so viele Kompromisse erforderlich. Wenn dennoch welche eingegangen werden, betrachtet das Paar diese nicht als Kompromisse, für die ein Partner etwas Wichtiges aufgeben musste, um den anderen zu besänftigen. Genau das ist der Punkt: Wahrhaft kompatible Menschen wissen dieselben Dinge zu schätzen und wünschen sich dasselbe vom Leben. Wenn Sie sich mit jedem einzeln unterhalten und eine Geschichte erzählen würden, stellen Sie fest, dass beide fast gleich reagieren.

Über welche geheimnisvolle Formel verfügen Paare, die es ihnen ermöglicht, in einer erfolgreichen Beziehung zu leben? Ich bin keine Soziologin und kann Ihnen keine soziologische Erklärung für das Übermaß an Scheidungen in der westlichen

Kultur geben. In den Buchhandlungen gibt es ganze Abteilungen, die sich diesem Thema widmen. Und an zweiter Stelle stehen dicke Schmöker zum Thema Kommunikation.

Ich kann Ihnen nur meine Fragen als Ausgangspunkt für Ihre eigene Kommunikationsreise mit einem potenziellen Partner oder einem anderen Menschen anbieten, der in Ihrem Leben eine wichtige Rolle spielt wie beispielsweise Ihr Vater, Ihre Mutter, Ihr Liebespartner, ein Bruder, eine Schwester, ein Freund oder eine Freundin. Ich hoffe, meine Fragen regen Sie zu eigenen Fragen an. Mit Ihrer Stimme, Ihren Fragen und Ihrem Kontext. Als ich dieses Buch für meine Freunde und Freundinnen schrieb, meinten sie, sie seien ganz anders als ich. »Wie könnten wir je solche Fragen stellen«, fragten sie. »Für dich ist es etwas ganz Natürliches, im Gespräch eine Frage nach der anderen zu stellen, die zu tiefen Einblicken führen.« Darauf antworte ich: »Genau das meine ich: Ihr braucht euren eigenen Kontext.«

Versuchen Sie nicht, die Fragen auswendig zu lernen. Versuchen Sie nicht, sie auf dieselbe Art und Weise wie eine Freundin zu stellen, die einen besonderen Sinn für Humor hat, wenn Sie nicht von Natur aus selbst sehr humorvoll sind. Suchen Sie Ihre eigene Behaglichkeitszone. Und genießen Sie sie. Dies ist kein Verhör oder sollte zumindest keins sein. Arbeiten Sie auch nicht wie mit einem Fragebogen, es sei denn, Sie möchten es so, weil es Sie amüsiert – und nicht nur Sie, sondern Sie beide, sodass Sie gemeinsam darüber lachen können. Es ist einfach nur ein Dialog.

Wenn Ihre Freundin sich beispielsweise zum Essen an den Tisch setzt und zugibt, dass sie nie weiß, welche Gabel zuerst benutzt wird, könnten Sie fragen, ob in ihrer Familie Tischmanieren wichtig waren. Wurde beim Essen geredet oder herrschte absolutes Schweigen? Dies sind nur Beispiele, die illustrieren sollen, dass es sich um einen Dialog handelt, der das, was gerade geschieht, einbezieht.

Das perfekte Geschenk: Eigenschaften, die unbedingt vorhanden sein sollten

Überlegen Sie, was Sie an einem potenziellen Partner am meisten schätzen. Erstellen Sie Ihre Liste, und überprüfen Sie sie zweimal. Sie brauchen ein paar Anregungen? Hier ist eine Auflistung mit 54 Begriffen, aber erfinden Sie ruhig ein paar eigene:

Emotional gesund, guter Sinn für Humor, gute Persönlichkeit, tolerant, starker Charakter, geduldig, löst Konflikte, energiegeladen, emotional großzügig, abstinent, traditionell eingestellt, sexuell erfahren, leidenschaftlich, gute sexuelle Chemie, treu, fleißig, intelligent, finanziell abgesichert, kann sich gut ausdrücken, mag Nähe, attraktiv, kann Hilfe annehmen, neugierig, selbstbewusst, bescheiden, kann sich gut anpassen, selbständig, familienbewusst, gute persönliche Angewohnheiten (d. h. Hygiene, Fitness, Erscheinen), ähnliche politische/soziale Einstellungen, Ehrgeiz, gemeinsame Interessen, Interesse an der Elternschaft und in der Lage, einen guten Vater oder eine gute Mutter abzugeben, keine Kinder, bereit, meine Kinder zu akzeptieren, Alter, Wertvorstellungen, spirituelle Akzeptanz, verantwortungsbewusst, bleibt gerne zu Hause/ist gesellig, entspannt, athletisch, dieselbe Einstellung zur Religion und/oder derselbe Glaube, gebildet, körperlich fit, dieselbe Rasse/eine andere Rasse, abenteuerlustig, verspielt, gütig, kreativ, künstlerisch, modisch, ansprechende Körpergröße/Körperform/Gesichtszüge, philanthropisch.

Wählen Sie nun zehn Begriffe für Ihre Wunschliste aus, was der potenzielle Partner unbedingt haben beziehungsweise wie er sein sollte:

1 ______________________________

2 ______________________________

3 ______________________________

4 ______________________________

5 ______________________________

6 ______________________________

7 ______________________________

8 ______________________________

9 ______________________________

10 ______________________________

Wenn Sie eine haltbare Grundlage für eine Beziehung schaffen wollen, müssen beide Beteiligte einen Mindestsatz an Wertvorstellungen gemein haben. Beide müssen eine Mindestzahl von

Charaktereigenschaften haben, die beide für wünschenswert halten. Eine andauernde Beziehung wird von den launenhaften Ereignissen des Lebens genug herausgefordert. Und eine Partnerschaft, in der eine Grundlage von mindestens zehn Wertvorstellungen fehlt, wird letztendlich unter all dem Stress, den Ihnen das Leben unausweichlich in den Weg stellt, bröckeln. Sie sind auf der Suche nach einem Menschen, dem Sie vertrauen und auf den Sie sich verlassen können, egal, was auch geschieht. Sie sind auf der Suche nach einem Menschen, dessen Reaktionen Sie beim Verlust des Arbeitsplatzes, einer Krebsdiagnose, der Reaktion auf den Tod eines Bruders oder einer Schwester, eines Elternteils oder eines Kindes nicht überraschen werden. Das heißt nicht, dass Sie und Ihr Partner bei solchen Ereignissen nicht zu kämpfen haben werden. Darum geht es nicht. Sie sind auf der Suche nach jemandem, der in seinen Wertvorstellungen gefestigt ist, weil es auch Ihre Wertvorstellungen sind.

Ganz wichtig: Sie können von niemandem verlangen, dass er etwas ist, das Sie brauchen, nur um eine Leere in Ihrem Leben zu füllen. Und Sie können von niemandem verlangen, ehrlich und verletzbar zu sein, wenn Sie es selbst nicht sind. Wenn Sie Ihre Liste fertig gestellt haben, sollten Sie sich fragen, wie viele Eigenschaften auf der Liste *Sie selbst* haben. Genau da liegt der Hase im Pfeffer.

Wenn Sie zum Beispiel »Sinn für Humor« als unbedingt erforderlich auflisten, aber selbst nicht schlagfertig oder auch nur ein wenig komisch sind, warum sollte dann ein humorvoller Mensch, der Wortspiele und schlagfertige Antworten mag, mit

Ihnen zusammen sein wollen? Es sei denn, er ist auf der Suche nach Zuschauern und Sie nach Unterhaltung. Eine solche Beziehung wäre kompatibel und in Ordnung, wenn Sie einen Menschen finden, der komisch ist, gerne im Mittelpunkt steht, Zuschauer braucht, und wenn *Sie* in der ersten Reihe sitzen wollen.

Das nicht so perfekte Geschenk: unerwünschte Eigenschaften

Bei der Wahl eines Partners ist es absolut unerlässlich zu wissen, was man von ihm erwartet, aber genauso wichtig sind die nicht erwünschten Eigenschaften.

Jeder Mensch hat eine Liste von Eigenschaften, die er nicht ausstehen kann, Dinge, die absolut nicht toleriert oder geduldet werden und die man nicht zu ertragen gewillt ist.

Es gibt viele Eigenschaften, die uns irritieren und ärgern, aber darum geht es hier nicht. Dies sind nur kleine Eigenarten, die man beim Partner lieber nicht sieht, aber die vorhanden sind und gelegentlich zur Schau gestellt werden.

Eine unerwünschte Eigenschaft ist etwas ganz anderes. Es ist eine unerhörte Verletzung einer Sache, ja, vielleicht sogar *aller Dinge*, die Ihnen wichtig sind. Solche Eigenschaften zerstören die Liebe, weil sie Ihre Liebe und den Respekt für einen Partner, der diese spezielle Verhaltensweise zeigt, untergraben. In diesem Fall können Sie nicht einfach wegschauen, um den Frieden zu bewahren.

Genau wie die positiven Charakterzüge sind diese unerwünschten Eigenschaften individuell verschieden. Was mich ärgert, amüsiert den anderen möglicherweise. Was ich für unantastbar oder absolut unverzeihlich halte, empfindet ein anderer vielleicht als tolerierbar. Daher ist es so wichtig, eine Liste zu erstellen, die ganz Ihnen entspricht und nicht Ihrer besten Freundin oder Ihrer Mutter.

Hier sind 56 der am häufigsten genannten unerwünschten Eigenschaften/Verhaltensweisen. Lesen Sie sie durch, und überlegen Sie, was sie jeweils für Sie bedeuten:

Lügen, betrügen, beherrschen, Pfennigfuchser, unverantwortlich in finanziellen Dingen, schlechte Handhabung von Wut, Pornographie, übermäßiger Alkoholkonsum oder Drogenmissbrauch, Rauchen, Spielsucht, Eitelkeit, Fernsehsucht/Golffanatiker, sexuelle Zwangsvorstellungen, Schlampigkeit, Faulheit, Zögerlichkeit, Rassist, Klatschen, unangemessenes Verhalten, unflätige Sprache, Übergewicht, egoistisch, unzuverlässig, sich Sorgen machen, schlechte Körperhygiene, rüde, untreu, verurteilend, rücksichtslos, desinteressiert, kleinlich, Pessimismus, Süchte, aufdringliche Verwandte/Freunde, Pünktlichkeit, flirtet gerne, heuchlerisch, Opfermentalität, geizig, nachtragend, Hypochonder, Selbstverleugnung, unzufrieden im Beruf, kommt mit nahen Verwandten nicht aus, materialistisch, Workaholic, von anderen abhängig, arrogant, extrem schüchtern, spirituelle Intoleranz, anderer Musikgeschmack, ungehobeltes Benehmen, rücksichtloser Autofahrer, Fanatismus, politische Korrektheit.

Wählen Sie die zehn unerwünschten Eigenschaften/Verhaltensweisen aus, die Sie absolut nicht, zu keiner Zeit und unter keinen Umständen auch nur im Geringsten akzeptieren würden.

1 ______________________________

2 ______________________________

3 ______________________________

4 ______________________________

5 ______________________________

6 ______________________________

7 ______________________________

8 ______________________________

9 ______________________________

10 ______________________________

Erstellen Sie nun eine Tabelle der Prioritäten, die Ihnen frühere Erfahrungen aufzeigt – ein Schnappschuss geeigneter und nicht so geeigneter früherer Flammen und potenzieller Partner. Kreuzen Sie die vorhandenen Eigenschaften (oder die fehlenden an) und schon haben Sie jemanden gefunden, der nicht nur drei Ihrer wichtigsten Eigenschaften besitzt, sondern – siehe da – alle zehn!

Tabelle der Prioritäten

	Erwünschte Eigenschaften	*Vergangene Liebe Nr. 1*	*Vergangene Liebe Nr. 2*	*Derzeitiger Partner*	*Zukünftiger Partner*
1					
2					
3					
4					
5					
6					
7					
8					
9					
10					

○ = ja ✕ = nein

Wie ist das mit dem »Seelenpartner«?

Ein Freund legte mir einmal seine Theorie zum Dating-Spiel dar. Als ich sie hörte, konnte ich gleich etwas damit anfangen, da sie meiner sehr ähnelte.

Die Theorie basierte auf der Astrologie: Zwei zueinander passende Menschen treffen sich, weil es das Schicksal so will.

Begegnet man dem passenden Menschen, spürt man, dass es der Seelenpartner ist. Plötzlich haben beide das Gefühl, dass sie sich über die archetypische emotionale Schwerkraft hinweggesetzt haben. Tatsächlich fliegen sie hoch über den alltäglichen Beziehungssorgen in einer ganz eigenen Stratosphäre, im scheinbar endlosen Himmel der Kompatibilität herum.

Wenn wir unseren Platz im Leben bewusst einnehmen und nach den Grundsätzen leben, für die wir eintreten, wird Amor, der romantische Geist des Universums, letztlich dafür sorgen, dass wir demjenigen begegnen, dessen Wertvorstellungen den unseren entsprechen.

Bis heute habe ich noch nicht nach einem Partner gesucht. Aber ich habe nach den Dingen gesucht, die mir in meinem Leben Erfüllung bringen. Und dann habe ich einen Weg festgelegt, um diese Prioritäten zu erzielen. So habe ich einige der wunderbarsten Menschen kennen gelernt, die es gibt.

Wenn Sie über künstlerische Begabung (oder athletische, wissenschaftliche oder handwerkliche Fähigkeiten … irgendetwas, das Sie mit Leidenschaft erfüllt) verfügen und diese schätzen, aber in Ihrem Leben nichts unternehmen, um diese Fähigkeiten zu nutzen, ist Ihr Leben nicht im Einklang mit den Dingen, die Ihnen wichtig sind. Sie werden das Gefühl haben, dass Ihnen etwas fehlt, auch wenn Sie nicht genau sagen können, was es ist. Sie werden nach einem Menschen suchen, der diese Leere für Sie füllen kann, statt nach jemandem, der den Weg mit Ihnen zusammen gehen und sich eigenen Unternehmungen oder Leidenschaften widmen kann, so wie Sie sich den Ihren widmen.

Fangen Sie gleich an, indem Sie zuerst feststellen, was für Sie in Ihrem Leben wichtig ist, und verfolgen Sie diese Dinge aktiv. Machen Sie sich auf den Weg.

Kürzlich fragte mich jemand, ob ich mich für andere Kulturen interessiere. Ich antwortete: »Ja, aus diesem Grund gehe ich nicht ins Restaurant, sondern spare mein Geld für Reisen. Ich war schon auf Bali, in Spanien und Timbuktu. Manchmal halte ich am Sonntag einen internationalen Abend ab, zu dem alle ein Gericht aus einem anderen Land mitbringen. Und was machst du?«

Wenn Sie festgestellt haben, was für Sie wichtig ist, werden Sie das, woran Sie glauben, leben – zumindest in einem Bereich Ihres Lebens. Je öfter Sie in Bezug auf die von Ihnen geschätzten Charaktereigenschaften sagen können, dass Sie das, was Sie glauben, auch leben und dies mit Erfahrungen belegen können, desto näher kommen Sie Ihrem eigenen Glück und zu innerem Frieden. Dann wird es Ihnen auch leichter fallen, jemanden zu finden, der genau denselben Platz im Universum einnimmt.

Wenn Sie es so sehen, werden Sie feststellen, dass das Leben viele verlockende, erfrischende Chancen bietet. Chancen zur Kreierung des eigenen Schicksals, zur Erfüllung, für Erfahrungen, für Gefühle …

Sportiver Sex – nein danke!

Um des Experimentierens willen sollten Sie es probieren – zumindest einmal. Betrachten Sie es als Hausaufgabe für Erwachsene. Sie müssen Antworten auf diese Fragen erhalten, bevor Sie jemanden beim nächsten Mal zu sich nach Hause einladen, um die Nacht mit ihm zu verbringen. Diese Fragen sind nicht das letzte Wort in Bezug auf die Dinge, die Sie einen potenziellen Partner fragen sollten, sondern eher ein Ausgangspunkt. Wenn Sie jene Fragen auswählen, die Ihre eigenen Erfahrungen und Wünsche widerspiegeln, finden Sie die für Sie relevanten Dinge, die Sie sich bei einem Seelenpartner wünschen.

Normalerweise sind alle hinter Sex her. Aber hier geht es erst einmal und vorwiegend um das Gespräch – vor dem Sex. Jede Menge Gespräche vor dem Sex. Denn wenn Sie erst einmal das Bett miteinander teilen, was theoretisch etwas sehr Intimes sein sollte, neigen sowohl Frauen als auch Männer dazu, in einer Beziehung einzuparken, um diese gemeinsame Intimität zu rechtfertigen. Und häufig parken Sie dabei blind in einer Sackgasse und in einer Beziehung mit einem relativ fremden Menschen.

Emotionale Verfügbarkeit

Wenn Sie einem Menschen eine Frage stellen und er keine Antwort parat hat, könnte das ein Hinweis dafür sein, dass er noch nie darüber nachgedacht hat. Das ist in Ordnung, aber wenn er Sie wirklich kennen lernen und verstehen will, sollte er Ihnen eine Antwort geben und seine Wertvorstellungen in Worte fassen. Keine Antwort ist auch eine Antwort.

Die Unfähigkeit, die eigenen Gefühle oder Wertvorstellungen auszudrücken (wenn er sie überhaupt kennt), ist deutliches Anzeichen dafür, ob ein Mensch emotional verfügbar ist oder nicht.

Eine Quelle für Konflikte: unterschiedliche Vorlieben und Wünsche

In seinem Buch *Who Am I? The 16 Basic Desires That Motivate Our Actions and Define Our Personality* listet Professor Steven Reiss folgende Dinge als Motivatoren auf:

- *Macht* ist der Wunsch, andere zu beeinflussen.
- *Unabhängigkeit* ist der Wunsch nach Selbstsicherheit.
- *Neugier* ist der Wunsch nach Wissen.
- *Akzeptanz* ist der Wunsch nach Einbeziehung.
- *Ordnung* ist der Wunsch nach Organisation.
- *Sparen* ist der Wunsch, Dinge zu sammeln.
- *Ehrgefühl* ist der Wunsch, den Eltern und dem persönlichen Erbe treu zu sein.
- *Idealismus* ist der Wunsch nach sozialer Gerechtigkeit.
- *Sozialer* Kontakt ist der Wunsch nach Gesellschaft.
- *Familie* ist der Wunsch, eigene Kinder zu erziehen.
- *Status* ist der Wunsch nach sozialer Stellung.
- *Rache* ist der Wunsch, mit jemandem abzurechnen.
- *Romantik* ist der Wunsch nach Sex und Schönheit.
- *Essen* ist der Wunsch, Nahrung zu verzehren.
- *Körperliche Aktivität* ist der Wunsch, die Muskeln zu trainieren.
- *Stille* ist der Wunsch nach emotionaler Ruhe.

Welches Gewicht Sie den 16 Motivatoren in Ihrem Leben geben – äußerst wichtig, einigermaßen wichtig oder egal –, definiert

Ihren einzigartigen Charakter. Es gibt unendlich viele Kombinationsmöglichkeiten – und irgendwo gibt es einen oder mehrere Menschen, deren Profil dem Ihren sehr ähnlich ist.

Übereinstimmung im Frequenzbereich

Es gibt eine weitere Möglichkeit zur Betrachtung der Kompatibilität und zwar im Frequenzbereich. Dr. Sam R. Hamburg zufolge gibt es drei bestimmte Frequenzen, die messen, wie gut zwei Menschen als Paar zusammenpassen.

- *Wellenlänge:* Sehen Sie die Welt auf dieselbe Weise? Verstehen Sie einander wirklich? Wenn ein Paar auf derselben Wellenlänge ist, besteht eine tiefe und unumstößliche Bindung. Beide kennen sich so gut, dass sie automatisch verstehen, was der andere sagt oder warum er in bestimmter Weise handelt. Zwischen beiden besteht Verbundenheit.
- *Sexuelle Frequenz:* Stimmt es bei Ihnen im sexuellen Bereich? Wenn Sie jemals mit einem Menschen zusammen waren, der Ihre sexuelle Welt »erschüttert« hat, dann kennen Sie die Macht, Verlockung, Sucht und das absolute, rein körperliche Vergnügen, das Sie erleben, wenn Sie einen Menschen finden, der in dieser Hinsicht dieselbe Frequenz hat wie Sie. Die Bindung, die dabei entsteht, muss ich wohl nicht beschreiben!
- *Praktische Frequenz:* Handhaben Sie Ihr Alltagsleben auf ähnliche Weise? Kommen Sie im Alltag gut miteinander aus?

Paare, die in diesem Frequenzbereich Abstimmung erzielen, können tatsächlich perfekten Synchrongang und wirklich erstaunliche Verbundenheit erzielen.

Ist es wirklich notwendig, in allen drei Frequenzbereichen Abstimmung zu erzielen, damit eine Beziehung von Dauer ist?

Ja, unbedingt. Ein ganz klares Ja.

Warum man nach dem *Warum* fragen sollte

Wenn Sie jemandem eine Frage stellen, erhalten Sie normalerweise eine (kurze) Antwort. Doch diese Erwiderung ist erst der Anfang. Hinter dem Ja oder Nein verbirgt sich weitaus mehr. Es reicht also nicht aus, eine Frage zu stellen. Vielmehr müssen Sie versuchen, die Motivation zu verstehen, die der Antwort zugrunde liegt.

Wenn Sie eine Frau fragen, ob sie Kinder haben möchte, und sie steif und fest behauptet, dass sie sich keine Kinder wünscht, endet das Gespräch oder – schlimmer noch – wird zu einem konfliktgeladenen Kampfplatz. Doch wenn sie antwortet, dass sie nicht weiß, wie sie Mutterschaft, beste Freundin, Tochter, Schwester, Geliebte und Karrierefrau unter einen Hut bringen kann, können Sie ein Gespräch über gemeinsame Verantwortung und Arbeitsteilung beginnen.

Dringen Sie tiefer ein. Fragen Sie nach, um die Antworten Ihres Gegenübers wirklich zu verstehen. Doch es reicht nicht aus zu fragen – Sie müssen auch zuhören. Und nach widerspruchsfreien Antworten suchen. Sie müssen sich wirklich die Mühe geben, die Position des *anderen* und *sein* Denkmuster zu verstehen.

Es gibt viele Möglichkeiten, die Wahrheit aufzudecken. Sie könnten beispielsweise fragen, ob der andere sich in einer Krise Geld leihen würde, und folgende Antwort erhalten: Ja, aber nur sehr ungern. Sie könnten weiter fragen, was dem Betreffenden unangenehm wäre, und hören, dass er einem Freund nicht gerne Geld schulden würde. Sie wissen dann, dass dieser Mensch die Wahrheit sagt – zumindest aus seiner Sicht – und sich entsprechend verhalten wird.

Oder fragen Sie Ihren Gesprächspartner, ob er ordentlich ist oder alles unaufgeräumt herumliegen lässt. Stellen Sie die Frage ein wenig anders: Wenn ich dich unangemeldet besuchen würde, wie würde es bei dir aussehen? Die Antwort: Katastrophal. In diesem Fall wollen Sie wahrscheinlich weitere Fragen stellen, um die Widersprüche zu verstehen. Vielleicht hat er ein blitzsauberes Auto und eine unaufgeräumte Wohnung.

Ich möchte behaupten, dass wir alle mit einigermaßen guten Kommunikationsfähigkeiten ausgestattet sind. Aber ich frage mich, wann wir diese Fähigkeiten tatsächlich einsetzen.

Wenn wir ein paar Minuten innehalten und dem Menschen, der da vor uns steht, ein paar grundsätzliche Fragen stellen und zuhören – wirklich zuhören – finden wir möglicherweise heraus, dass wir nichts gemein haben – oder dass es Unmengen an Gemeinsamkeiten gibt.

Die »freie Liebe« – ein großer Irrtum?

Ich habe Freundinnen immer wieder jammern hören, dass sie in ihren Beziehungen keine Erfüllung finden. Und das trifft keinesfalls nur auf Frauen zu. Auch Männer haben mit dieser Frustration zu kämpfen. Es ist ein Irrtum anzunehmen, dass sich nur Frauen eine Beziehung und kein lockeres Verhältnis wünschen. Wenn Sie mir das nicht abnehmen, fragen Sie einfach ein paar allein lebende Männer. Das Thema Erfüllung lässt sich normalerweise mit einer einfachen Frage lösen: Wonach suchst du? Was hast du zu geben? Solchen treffenden Fragen geht man nur schwer aus dem Weg. Und denken Sie daran: Keine Antwort ist auch eine Antwort.

Der Niedergang der Moral in der westlichen Welt hat viel schlechte Presse bekommen, vor allen Dingen auch in den letzten Jahren in den USA beispielsweise aufgrund der Clinton-Affäre. Die Kleinfamilie steht auf der Liste der gefährdeten Arten, gleichzeitig bemühen sich die Soziologen um modische Erklärungen.

Während ich über die Jahre zwischen den Treueschwüren meiner Großeltern, der Ehe und Scheidung meiner Eltern und meinem jungfräulichen Erwachen nachdachte, sah ich, wie die kulturelle Strömung meine Generation in einer Flutwelle mitriss, in der es um die Befreiung der Frau, Scheidung und Fixierung auf mehrfache Orgasmen ging.

Im sexuellen Dogma der »Generation NeXt« ertrinkend, hatte ich eine bittersüße Erkenntnis: Die Frauen wurden während der letzten 40 Jahre zweifellos befreit, aber auf unserer Suche nach

Befreiung und dem Wunsch, es den Männern gleichzutun und zu beweisen, dass wir gleichberechtigt sind und nach denselben Regeln spielen können, sind wir mit Männern ins Bett gesprungen, von denen wir nicht einmal den Nachnamen kannten und sind am nächsten Morgen mit einem Gefühl der Leere, Einsamkeit und Unerfülltheit aufgewacht.

Machen Sie sich nicht vor, dass die Frauenbewegung nur eine gerechte, vorteilhafte Bewegung für die Frauen war. Dass ich nicht lache! Die Männer waren und sind begeistert, dass es die Frauenbewegung gibt. Sie kommen in die Bars und singen: »Lang lebe die Frauenbewegung! Lang lebe der Sex nach der dritten Verabredung. Juchhu! Das hätte schon vor hundert Jahren passieren sollen. Wer kommt heute Abend mit zu mir nach Hause?«

Sie befreien sich also als Frau und beweisen, dass Sie ganz wie ein Mann handeln und ohne jede Bindung herumschlafen können. So weit, so gut, ich verurteile dies keinesfalls moralisch. Auch ich fiel in den Chor »Lang lebe die lockere Beziehung und das sofortige Vergnügen« ein.

Ach, übrigens: Sie gehen nicht nur mit Ihrem Liebespartner nach Hause, mit dem Sie eine lockere Beziehung haben, die sofortiges Vergnügen garantiert, sondern auch mit seinem Expartner und dem Expartner des Expartners. Denn wenn Sie einen Liebespartner mit nach Hause bringen, bedeutet die wunderbare Realität des Pyramidensystems, dass Sie sich 4095 Menschen enthüllen, wenn Sie und Ihr Sexualpartner jeweils zwölf verschiedene Sexualpartner hatten. Denken Sie an diese Zahl, damit Sie am Morgen danach fragen können: »Was magst du am

Sex? Wie viele Partner hattest du schon? Hast du jemals gelogen oder die Tatsachen über eine sexuell übertragbare Krankheit falsch dargestellt?«

Wenn Sie also an einem Punkt in Ihrem Leben angelangt sind, an dem Sie zu mehr bereit sind, zu etwas von Wert, Substanz, Bedeutung, vielleicht sogar Ruhe – an dem Punkt, an dem Sie entscheiden, dass Sie mehr wollen als eine vorübergehende Beziehung für eine Nacht, sechs Monate, ein Jahr, etwas, das ein Leben lang anhält … was dann? In diesem Augenblick der Erleuchtung – egal, ob Sie 28 sind und gerade die Uni abgeschlossen haben, 38 sind und die Karriereleiter erklimmen oder 45 sind und nach einer Scheidung neu beginnen – ist es an der Zeit, die Suche nach dem passenden Partner auf andere Weise anzugehen als sie zurzeit in den Medien, im Kino und in der Popkultur propagiert wird.

Wir sind also auf der Suche nach einem echten Partner, einem Gefährten, der uns wirklich versteht, und wir versuchen, diesen Menschen zu finden, indem wir dieselben Regeln befolgen, nach denen wir gelebt haben, als wir nur »herumgespielt« haben. Und genau dann wachen wir im Haus eines anderen Menschen auf, in dem Bett eines anderen, unter seiner Bettdecke und werden uns bewusst, dass dieser Mensch eigentlich gar keine Vorstellung hat, wer ich wirklich bin, wofür ich eintrete, woran ich glaube, was mir wichtig ist. Und gleich nach dieser Schlussfolgerung wird uns bewusst, dass wir den anderen ebenfalls nicht kennen. Und dann beginnt der Prozess der Rechtfertigung und Ausflüchte. Wir rechtfertigen die körperliche Intimität mit logischem (?) Denken. »Sicherlich ist er/sie genau der-/diejenige, der/die meinen Vorstellungen entspricht.« Und die Ausflüchte: »Ich werde ihn/sie nichts fragen, was meiner Vision widersprechen könnte. Ich warte einfach darauf, dass er/sie dem Potenzial entspricht, das er/sie erfüllen soll, was sicherlich der Fall sein wird.«

Nackt im Bett zu liegen und sich in diesen Rechtfertigungen und Ausflüchten zu ergehen, macht uns äußerst verletzbar. Speziell dann, wenn Sie die Person neben sich ansehen und scheu fragen: »Kaffee oder mich?« und er Sie anschaut, als seien Sie verrückt geworden, während er seine Laufschuhe zuschnürt und sagt: »Was ist los? Ich mach jetzt erst mal einen 10-Kilometer-Lauf. Willst du nicht aufstehen und mitrennen? Oder willst du nur faul herumliegen?« Pech gehabt.

- *Rechtfertigung:* Ich wette, er/sie treibt nur nach dem Sex fanatisch Sport.
- *Rationalisierung:* Er/sie hat mich nicht gerade beschuldigt, faul zu sein.
- *Ausflucht:* Ich zieh mir die Bettdecke über den Kopf und werde noch eine Runde schlafen.

Wenn Sie die Antworten darauf finden, wer Sie sind und was Ihnen wichtig ist, könnten Sie feststellen, dass Sie die Person, die da in Ihrem Bett liegt, nicht mögen oder aufgrund ihrer Überzeugungen – oder dem Mangel an Überzeugungen – nicht respektieren. Vielleicht ist es dann besser, diese Fragen vor dem Sex zu stellen. Wer weiß – vielleicht lernen Sie den Betreffenden dabei so gut kennen, dass selbst seine irritierendsten

»Eigenarten« liebenswert werden, da Sie diese Verwundbarkeit und den Kontext, in dem sie entstanden ist, kennen und verstehen.

In der nächsten Beziehung werde ich alles richtig machen

Wir leben in einer Kultur, in der eine Scheidung nicht nur akzeptiert wird, sondern praktisch der Norm entspricht. Dieses Phänomen der gescheiterten Ehe nach nur zwei oder drei Jahren wird heutzutage wie eine Ehe auf Probe behandelt, und wenn wir uns mit dem Verlust, den Schuldgefühlen und dem Gefühl, versagt zu haben, das unausweichlich mit einer Scheidung einhergeht, abgefunden haben, beginnen wir von vorn.

Wir sind alle angenehm überrascht, wenn eine Ehe hält – ja, wir finden es sogar komisch. Und wenn wir feststellen, dass das Paar glücklich ist, sind wir noch überraschter. Die Vorstellung von Eheglück ist unserer alltäglichen Konditionierung so fremd, dass wir weiterhin skeptisch sind. Wir sind skeptisch, weil wir verzweifelt versuchen, unser eigenes zerbrechliches Glashaus zu schützen. Wenn wir das Geheimnis für die Suche nach unserem Seelenpartner nicht kennen, hoffen wir insgeheim, dass auch die *anderen* Leute den heiligen Gral der romantischen Liebe nicht gefunden haben. Wahrscheinlich sind Sie gar nicht glücklich. Sicherlich werden die Bedürfnisse *eines* der beiden Partner nicht erfüllt.

Doch ob Sie es glauben oder nicht – es gibt tatsächlich

glückliche Ehen. Ehen, in denen eins plus eins gleich drei ist. Ehen, in denen der Geliebte der beste Freund, Partner und manchmal Mutter oder Vater der Kinder ist. Es sind Paare, die wie Teenager miteinander flirten – sogar in Gesellschaft anderer. Diese Paare sind stolz auf das, was der Partner erreicht hat, und sie verstehen seine Sichtweise voll und ganz. Sie mögen und respektieren einander, selbst wenn sie die Stellen, an denen der andere verwundbar ist, genau kennen. Und aufgrund gegenseitiger Bewunderung verletzen sie die Fundamente ihrer Ehe (Vertrauen und Respekt) niemals durch Geständnisse oder Eingeständnisse, die den anderen verletzen würden.

Denken Sie daran: Ähnlicher, nicht anders. Sehr viel ähnlicher als anders! Die beste Voraussetzung, einen Partner zu finden, der Ihnen ähnelt, besteht darin, die eigenen Wünsche zu kennen und über die Neugier zu verfügen, anderen Fragen zu stellen, und schließlich geduldig auszusieben.

Was tun, wenn der andere nicht antworten will?

Keine Antwort ist auch eine Antwort. Manche Menschen könnten ihr ganzes Leben mit einem anderen verbringen und über den Partner nur wissen, was an der Oberfläche wahrnehmbar ist. Aber ich würde sie nicht als echte Seelenpartner bezeichnen. Wir missbrauchen den Begriff »Seelenpartner« genauso wie die Floskel »Ich liebe dich«. Seelenpartner zu sein, bedeutet Verbundenheit auf allen Ebenen – Geist, Körper und Seele. Eine solche tiefe Verbindung entsteht nur dann, wenn wir uns einander mitteilen.

Wenn jemandem eine Frage nicht angenehm ist oder der Betreffende über ein bestimmtes Thema nicht sprechen möchte, fragen Sie, was ihm dabei unangenehm wäre. Was müsste sich an der zwischen Ihnen bestehenden Dynamik ändern, damit er Ihnen genug vertrauen kann, um darüber zu sprechen? Wenn der Partner diese Frage beantwortet, haben Sie eine ungefähre Vorstellung davon, wie Sie grundsätzlich zueinander stehen.

Ziehen Sie auch die Möglichkeit in Betracht, dass diese Unfähigkeit oder Nichtbereitschaft zu antworten nicht persönlich gegen Sie gerichtet ist. Vielleicht wird der Betreffende sich einfach selbst *niemals* genug vertrauen, diese Tür zur Selbsterkenntnis zu öffnen. Der Wunsch, die eigenen Ängste, Motivationen, tief sitzenden Gefühle in Bezug auf das Gefragte zu verstehen, ist einfach nicht vorhanden. In diesem Fall ist die entscheidende Frage, ob *Sie* dies akzeptieren können.

Die meisten Menschen stellen keine direkte, offene Frage, weil sie sich nicht sicher sind, ob sie die Antwort hören wollen. Wenn Sie jemanden fragen, ob er Sie so gut wie seinen besten Freund kennen möchte, und er mit Nein antwortet, ist dies ziemlich aufschlussreich und gibt Ihnen eine Vorstellung darüber, was für eine Beziehung der Betreffende mit Ihnen schaffen möchte. Manche Menschen zögern auch, Fragen zu stellen, weil sie befürchten, dass der andere dieselbe Frage stellen wird und sie ehrlich antworten oder sich eine Antwort auf eine Frage überlegen müssen, die sie noch nie in Betracht gezogen haben und über die sie im Augenblick lieber nicht nachdenken würden.

Wir würden richtig gut zusammenpassen, wenn …

Die Menschen sind so, wie sie sind. Und Sie sind so, wie Sie sind. Sie mögen sich und haben den Mut zu sagen, wer Sie sind. Sie leben Ihr Leben als die Person, die Sie mögen. Sie geben nicht vor, etwas zu sein, das Sie nicht sind, und versuchen nicht, sich zu ändern, nur um dem anderen einen Gefallen zu tun. Sie sind in Bezug auf Ihre Moral- und Wertvorstellungen und Ihre Überzeugungen so selbstbewusst, dass Sie sagen können: »Das ist es, was ich glaube, brauche und mir wünsche. Ich brauche keinen anderen Menschen dazu, um dem Gültigkeit zu verleihen. Ich bin auf der Suche nach einem Menschen, der mich so nimmt, wie ich bin, jemand, der mich liebt, so wie ich bin.«

Sich in das Potenzial eines Menschen zu verlieben, impliziert wahrscheinlich eine Katastrophe. Das trifft auch zu, wenn Sie sich in Ihr Wunschbild von einem Menschen verlieben, in das, was er Ihrer Meinung nach sein könnte oder das, an das er Ihren Wünschen zufolge glauben sollte.

Die Armee versucht, alles aus ihren Rekruten herauszuholen, um sie dazu zu inspirieren und zu motivieren, ihr Leben zu ändern, um die Welt bei einer drohenden nuklearen Katastrophe zu retten. Doch das Dating-Spiel muss keine nukleare Katastrophe sein. Sie wählen einen Partner nicht, um ihn zu motivieren, sich für Sie zu ändern.

Voraussetzung für das Dating-Spiel ist die Entdeckung. Die Voraussetzung für Liebe ist Akzeptanz. Wenn Sie versuchen, einen Menschen zu ändern, werden Sie nur auf Ablehnung stoßen. Und warum sollte der Betreffende sein Leben mit jemandem verbringen, der ihn nicht so mag, wie er ist? Stellen Sie sich vor, jemand sagt zu Ihnen: »Ich würde dich lieben, wenn du 50 Pfund abnähmst, Nonne würdest und Chinesisch sprechen könntest.« Dann müssten Sie sagen: »Okay, aber das wäre nicht mehr ich, sondern eine andere Person – eine hungernde chinesische Nonne. Warum machst du dich nicht auf die Suche nach ihr?«

Aus diesem Grund sollten Sie versuchen, durch Fragen und Gespräche alles Mögliche aufzuspüren, indem Sie Ihre Gespräche zu wichtigen Themen hinführen. Wie ist dieser Mensch wirklich? Mag ich ihn so, wie er ist?

Sie können sich wünschen, einen Menschen verzweifelt zu lieben. Und Sie können verzweifelt versuchen, sich an jemanden zu binden. Aber wenn sein gewisses Etwas, sein »kwan«, »chi« oder was auch immer ganz anders als das Ihre ist, kommt es unausweichlich irgendwann zu emotionalem Selbstmord und Kummer. Wenn der Betreffende nicht der Richtige ist, heißt das nicht, dass er oder Sie schlecht sind. Und wenn er nicht der Richtige ist, heißt das nicht, dass Sie falsch liegen. Es gibt keine richtigen und falschen Eigenschaften. Sie passen einfach nicht zusammen. Heulen Sie sich nicht an jedermanns Schulter aus, und jammern Sie nicht herum, dass es nicht fair ist, weil Sie sich angeblich so nah sind, dass Sie sich bis aufs Haar gleichen. Akzeptieren Sie einfach, dass eine Schlucht scheinbar geringfügiger, aber unüberwindlicher Unterschiede Sie trennt. Tun Sie den nächsten Schritt. Ihre nächste Liaison könnte die richtige sein.

Das Dating-Spiel ist *nicht* persönlich gemeint

Denken Sie auch daran, dass das Dating-Spiel nicht persönlich gemeint ist. Und wenn Sie sich fragen, wie ich das so einfach behaupten kann, befinden Sie sich in der Gesellschaft meiner engsten Freundinnen. Schließlich muss es doch als persönliche Ablehnung ausgelegt werden, wenn er Sie nicht will oder Sie ihn nicht wollen. Schließlich dreht es sich nur um zwei Menschen, sodass es eine persönliche Sache sein muss, nicht wahr?

Das stimmt nicht ganz. Wenn Sie es persönlich nehmen, sind Sie auf dem besten Weg, sich auf alle möglichen Abweisungen vorzubereiten, die nicht unbedingt den Tatsachen entsprechen. Wenn man Sie abweist, weil Sie klein sind, ist dies nichts Persönliches. Es heißt lediglich, dass der andere größere Frauen sexuell bevorzugt. Suchen Sie sich jemanden, der kleine Frauen mag.

Zur Selbsterhaltung und zum eigenen Wohlergehen:

1. Schleppen Sie keine leere Tafel mit sich herum, auf der der andere seine Reaktionen auf Sie und Ihr Wesen niederschreiben kann.
2. Lernen Sie sich selbst kennen, und führen Sie sich vor Augen, dass die Reaktionen des anderen mehr damit zu tun haben, wer *er* ist, und nicht als Beurteilung Ihrer selbst ausgelegt werden sollten.
3. Nehmen Sie's nicht persönlich!

Persönlicher Ethikkodex

Egal, was Sie als Ihren persönlichen Ethikkodex wählen: Sie sollten ehrlich und unbeirrbar sein. Manche befolgen die goldene Regel des jüdisch-christlichen Ethos, während andere an etwas Kulturspezifisches glauben. Auf der Grundlage der alten Überzeugungen der Tolteken übermitteln Schamanen weiterhin die Weisheit ihrer Vorfahren mit Präzision und großer Sorgfalt. Führen Sie sich einmal vor Augen, wie modern diese Konzepte sind:

1. Wählen Sie mit Bedacht Ihre Worte, und seien Sie untadelig mit Ihrem Wort – sagen Sie nur das, was Sie wirklich meinen. Das Wort ist das mächtigste Instrument, über das der Mensch verfügt.
2. Nehmen Sie nichts persönlich – Wichtigtuerei führt dazu, dass Menschen sich für den Mittelpunkt des Universums halten, was Leid und Ungerechtigkeit verursacht.
3. Ziehen Sie keine voreiligen Schlüsse – um Frustrationen und Schuldzuweisungen zu vermeiden, fragen Sie immer, was gemeint ist.
4. Tun Sie immer Ihr Bestmögliches – das ist der sicherste Weg, um Selbstverachtung zu vermeiden.

Das Dating-Spiel muss nicht schwer sein. Wir machen es dazu. Es muss auch nicht melodramatisch sein, aber so mancher scheint sich dessen nicht bewusst zu sein und genießt das Drama. Bei der erfolgreichen Partnersuche geht es nicht um eine rätselhafte Formel, die Sie nicht besitzen. Ein anderer Mensch ist entweder in der Lage, Ihnen das Gewünschte zu geben oder nicht. Umgeben Sie sich mit positiv eingestellten Menschen, die

Ihrem Leben echten Wert verleihen, und führen Sie sich vor Augen, dass jeder Tag, den Sie mit einem Menschen verbringen, den Sie nicht so lieben können, wie Sie es sich wünschen oder verdienen, ein Tag ist, der jemandem gestohlen wird, der dies vollbringen könnte.

Sie werden sich frei und befreit fühlen, wenn Sie sich aus dem Gedankengefängnis entlassen und nicht mehr glauben, dass das Dating-Spiel persönliche Abweisung bedeutet. Erleben Sie die Freiheit, andere Dinge zu erforschen und auszuprobieren, bis sich der Weg Ihres Schicksals mit dem eines anderen Menschen kreuzt.

Wie lautet die Formel für Erfolg?

Anzahl der Gemeinsamkeiten plus die Menge des Verlangens, das Sie für einen Menschen verspüren, plus die Bereitschaft, die verhasstesten Charakterzüge zu ertragen, die Sie beide haben, plus wie gut Sie zusammen als Paar aussehen plus »Der X-Faktor« (zum Beispiel, wie sehr Sie seine Mutter mögen) plus eine Reihe von Dingen, die Ihnen nicht gemein sind – das ergibt das Nirwana der Kompatibilität.

Aber ganz im Ernst – Fachleute, die der Meinung sind, dass man sich eher ähnlich statt anders sein sollte, haben belegbare Gründe dafür. Doch letztlich können nur *Sie* allein bestimmen, was unbedingt und absolut notwendig ist, damit Sie glücklich werden. Und es gibt keine feststehende Formel, mit der Sie Ihre Antworten messen können.

Ich weiß, dass das ärgerlich ist, besonders dann, wenn Sie, wie ich, eine riesige Anzeigetafel am Himmel sehen wollen, auf der die Ergebnisse genau angegeben werden. Dann wüssten Sie, was Sache ist und müssten sich einfach nur danach richten, um glücklich zu werden. Doch das ist nur quantitativ. Und mir geht es um das Qualitative. Qualitativ in dem Sinn, dass es sich um ein Gefühl handelt – einen sechsten Sinn, den Sie in Ihrem Körper spüren. Seien Sie ehrlich zu sich, und akzeptieren Sie Ihre spontanen Reaktionen auf die Antworten Ihres Gegenübers. Erst dann sind Sie in der Lage, eine kluge Entscheidung zu treffen. Im Grunde ist es eine Maxime, an die Sie sich überall im Leben halten können.

Mir liegt daran, eine Diskussion zwischen zwei potenziellen Partnern in Gang zu bringen. Eine ehrliche Diskussion. Nachdem Sie beide gemeinsam meine und *Ihre* Fragen durchgegangen sind und immer wieder miteinander geredet haben, nehmen Sie sich Zeit – nur für sich selbst. Suchen Sie sich im Geist und in Ihrer Umgebung einen ruhigen Ort, an dem Sie einfach nur dasitzen und fühlen können. Lassen Sie die Atmosphäre auf sich einwirken, und fragen Sie sich dann, ob Sie sich eher ähnlich oder unähnlich sind.

Wenn Sie noch immer verwirrt sind und unbedingt eine quantitative Antwort zu Ihrer Eignung als Paar brauchen, empfehlen viele Experten aus dem Bereich der Psychologie einen Test namens PREPARE, den beide separat beantworten. Dieser Test *wird* bewertet, und es gibt magische Zahlen, die die Planeten in einer Linie ausrichten.

PREPARE ist der am häufigsten verwendete und erfolgreichste

Test, um den potenziellen Erfolg einer Ehe zu messen. Tatsächlich kann dieser Test mit 80- bis 85-prozentigem Erfolg messen, wer in zwei bis drei Jahren noch verheiratet sein wird. Doch bevor Sie sich daran begeben, einen solchen Test auszufüllen, sollten Sie daran denken, dass es sich bei dem möglichen Partner um jemanden handelt, mit dem Sie nicht nur einen Monat oder ein Jahr oder fünf Jahre, sondern den Rest Ihres Lebens verbringen wollen. In diesem Fall bin ich davon überzeugt, dass Sie sich mit diesem Menschen nicht nur unterhalten wollen, sondern förmlich nach Gesprächen gieren. Ich nehme an, dass Sie so furchtbar neugierig sind und wissen möchten, wie der andere Informationen verarbeitet und wie er die Welt sieht, dass Sie nicht abwarten können, Ihre Visionen miteinander zu teilen. Und dieser Austausch zwischen Ihnen beiden wird zu einem wunderbar warmen, liebevollen, spaßigen, albernen, ernsten, launigen Informationsaustausch führen. Die Fragen im nächsten Teil sollten das Eis brechen und Sie auf den richtigen Weg bringen.

Die Fragen

Es gibt eine wesentliche Frage, die für Sie und Ihren möglichen Partner zutrifft und die frühzeitig gestellt werden sollte, wenn Sie sich noch in der Phase des Kennenlernens befinden.

Liebst du dich?

Bevor Sie wissen, wie ein anderer auf Ihre Gaben reagieren wird, gibt es eine Frage von allerhöchster Bedeutung: »Wie behandelst du dich selbst?« Und noch wichtiger: »Liebst du dich?« Wenn Sie nicht sagen können: »Ja, ich liebe mich«, dann ist alles, was folgt, eigentlich egal. Es spielt keine Rolle, ob Sie einander den Mond versprechen oder eine Weltreise. Sie können einander die größten Geschenke versprechen, die man sich vorstellen kann, aber nicht in der Lage sein, einander echte Liebe zu schenken. Erst wenn Sie sich selbst lieben und akzeptieren, werden Sie in einer reifen, liebevollen und zärtlichen Beziehung leben können.

Es gibt viele Möglichkeiten, Dinge »hinzubiegen«. Man kann Möglichkeiten finden, unterschiedliche Meinungen zur Religion anzugehen. Man kann eine Möglichkeit finden, eine Lösung dafür zu finden, dass der eine gerne lange aufbleibt, während der andere lieber früh zu Bett geht. Aber wenn ein Mensch sich selbst gegenüber keine Liebe empfindet, bestehen solche Lösungsmöglichkeiten nicht. Der Grund dafür ist recht einfach: Alle Aktionen, Gesten und Emotionen des Betreffenden kommen aus einem Zentrum, das unvollständig, unglücklich und nicht in friedlichem Zustand ist. Egal, über wie viel Glück oder Reichtum der Betreffende nach außen zu verfügen scheint, mit einem solchen Menschen gibt es keine erfüllende Beziehung.

Wenn jemand sagen kann: »Ja, ich liebe mich«, bedeutet das nicht, dass der Betreffende die Arbeit an verbesserungsbedürftigen Bereichen aufgegeben hat. Es ist jedoch Zeichen dafür, dass er aus einem Zentrum in seinem Innern heraus operiert, das als »Selbstakzeptanz« bezeichnet wird. Menschen, die sich selbst angenommen haben, sind eher in der Lage, die Ansichten anderer Menschen zu akzeptieren, oder die Art und Weise, wie andere handeln.

Für den Anfang habe ich ein paar kurze Listen mit Fragen zusammengestellt. Aber Sie sollten sich Zeit für die lange Liste nehmen, die ihnen folgt. Sicherlich werden Sie keine Probleme haben, die richtigen Fragen zu finden, um die Sache in Gang zu bringen und für anregende Gespräche zu sorgen.

Was bedeutet es, um ein Thema »herumzureden«?

Um die Einstellung eines Menschen, sein Paradigma, zu verstehen, um zu erfahren, ob Sie in zehn Bereichen kompatibel sind (dies ist die Mindestzahl, die Fachleuten zufolge für eine andauernde, lebenslange Partnerschaft erforderlich ist), müssen Sie um ein Thema *herumreden*. Wenn Sie Fragen zu einem Thema stellen, können Sie einen Charakterzug aus vielen verschiedenen Perspektiven betrachten.

Normalerweise denkt man, dass ein als kreativ bezeichneter Mensch künstlerisch veranlagt ist, aber ein Mensch, der einen Ausweg findet, wenn er beispielsweise irgendwo im Ausland gestrandet ist, ist ebenfalls kreativ.

Vielleicht »betrügt« ein potenzieller Partner nicht das Finanzamt, aber er könnte einen früheren Partner belogen und/oder betrogen haben.

Aus diesem Grund müssen wir viele, viele Fragen aus verschiedenen Blickwinkeln stellen, bevor wir eine emotionale Bindung eingehen.

Top-10-Fragen, die einer zweiten Verabredung vorausgehen sollten

1. Wo bist du aufgewachsen?
2. Hattest du als Kind einen Lieblingsspielplatz? Wo war der?
3. Was machst du gerne so aus Spaß? Was begeistert dich?
4. Wie sieht der ideale Beruf für dich aus?
5. Auf welche Leistung bist du richtig stolz?
6. Hattest du jemals den Wunsch, im Ausland zu leben?
7. Welcher Film ist dein absoluter Lieblingsfilm?
8. Welches Haustier hast du am meisten geliebt oder liebst es noch immer?
9. Wo machst du am liebsten Urlaub? Warum?
10. Hast du Geschwister? Wer ähnelt dir in deiner Familie am meisten?

Top-10-Fragen, die der andere mit Sicherheit beantworten kann

1. Wie heißt deine Mutter?
2. Welchen Spitznamen hast du? Magst du ihn? Oder hasst du ihn?
3. Bist du Einzelkind?
4. Wo wurdest du geboren?
5. Was ist deine beste Eigenschaft?
6. Welche Augenfarbe habe ich?
7. Wie lautet mein Nachname?

8. Wie lautet mein Vorname?
9. Begehrst du mich?
10. Hast du ein Kondom dabei?

Top-10-Fragen, auf die es nur eine Antwort gibt

1. Meinst du das, was du sagst, ernst?
2. Wirst du eine Bindung eingehen? Mit mir?
3. Wo werden wir nächstes Jahr um diese Zeit sein?
4. An wen wirst du am Valentinstag denken?
5. Findest du mich sexy?
6. Wirst du mich belügen?
7. Wen bewunderst du als Helden?
8. Wirst du an meinen Geburtstag denken?
9. Bist du nachtragend?
10. Kannst du warten?

Top-10-Fragen für Männer, die es eilig haben

1. Magst du deinen Vater? Wie sehr?
2. Hast du einem Freund jemals nachgestellt, als ihr nicht mehr zusammen wart?
3. Nimmst du Medikamente?
4. Hast du gegen voreheliche sexuelle Beziehungen irgendetwas einzuwenden?
5. Siehst du dir gerne Sportsendungen an?

6. Würdest du mich je damit bestrafen, dass du die TV-Fernbedienung versteckst? Oder das Bier?
7. Hast du schon mal einen Freund mit einem Küchengerät verletzt oder wurde bei dir jemals festgestellt, dass du unter Anfällen von Raserei leidest?
8. Hast du dich schon mal freiwillig bereit erklärt, deinen Exfreund zum Umzug zu zwingen, indem du seine Sachen auf dem Rasen vor dem Haus abgestellt hast?
9. Bist du zurzeit besonders schwer, hast du dein Idealgewicht, bist du besonders dünn? Hast du schon mal besser ausgesehen als jetzt?
10. Wie wichtig ist Sex für dich?

Top-10-Fragen für Frauen, die es eilig haben

1. Magst du deine Mutter? Wie sehr?
2. Wie ist deine Meinung über Frauen?
3. Wie bewertest du Frauen? Und was ist für dich eine gute Bewertung?
4. Wie wichtig ist Sex für dich?
5. Bist du auf der Suche nach sportivem Sex oder nach einer langfristigen Beziehung?
6. Was kannst du mir geben?
7. Hast du schon mal eine Frau geschlagen? Hast du Probleme, deinen Zorn zu zügeln?
8. Wer ist dein bester Freund? Warum?
9. Bleibst du mit ehemaligen Partnerinnen in Kontakt? Wenn

ja – was ist deiner Meinung nach die akzeptable körperliche Grenze für eine Exfreundin?

10. Hast du schon einmal Sex mit einem Mann gehabt oder daran gedacht, mit einem Mann zu schlafen? Hast du es getan?

Die fünf wichtigsten Fragen für allein erziehende Eltern

1. Wie siehst du deine Rolle in Bezug auf meine Kinder?
2. Wie würdest du eine Beziehung zu meinen Kindern aufbauen?
3. Wie zieht man ein glückliches, selbstbewusstes Kind heran?
4. Bei welchen deiner Eigenschaften würdest du hoffen, dass ein Kind sie *annehmen/erben* würde? Bei welchen würdest du hoffen, dass es sie *nie* annehmen/erben würde?
5. Was betrachtest du als effektive Fürsorge und Disziplin gegenüber Kindern?

Die fünf wichtigsten Fragen, wenn Sie sich für jemanden *interessieren*

1. Was ist deine größte Freude/Leidenschaft?
2. Wo stehst du in deinem Leben? Entspricht dies deinen Erwartungen?
3. Wodurch definierst du dich?

a) Karriere
b) Interessen
c) Kinder
d) Etwas anderes (bitte näher bezeichnen)

4. Wer ist dein größter Fan? Warum?
5. Was steht für die nächste Woche auf deiner »Aufgaben«-Liste? Für den nächsten Monat, die nächsten sechs Monate, das nächste Jahr?

Die fünf wichtigsten Fragen, *bevor* Sie miteinander ins Bett gehen

1. Was ist die Grundlage unserer Beziehung? Sind Vertrauen und Respekt wesentliche Bestandteile?
2. Welche Symbolik/Bedeutung hat eine sexuelle Beziehung für uns beide?
3. Gibt es Gemeinsamkeiten in Bezug auf Wertvorstellungen, die auf bestimmten Lebenserfahrungen basieren?
4. Wie viel wissen wir jeweils über die sexuelle Vergangenheit des Partners und über die Rolle, die Sex in seinen früheren Beziehungen gespielt hat?
5. Wenn wir nicht Safer Sex praktizieren und krank oder schwanger werden würden, was würden wir dann tun?

Top-10-Fragen, bevor Sie eine ernsthafte Bindung eingehen

1. Weißt du, was *du* im Leben willst und schätzt?
2. Verdeutlichen deine Lebenserfahrungen diese Wertvorstellungen beispielhaft?
3. Kannst du ernsthaft behaupten, dass du dich liebst, während du gleichzeitig ständig versuchst, ein besserer Mensch zu werden?
4. Wollen und schätzen wir dieselben Dinge im Leben in *allen* Bereichen, oder haben wir nur einige gemeinsame Wertvorstellungen?
5. Haben wir Zeit aufgewendet, um zu verstehen, warum einige Beziehungen in der Vergangenheit nur bis zu einem gewissen Punkt gekommen sind?
6. Verstehen wir, wie und warum wir diese Beziehungen damals eingegangen sind?
7. Bist du für eine ernsthafte Beziehung bereit?
8. Welches ist dein Lieblingspaar, und warum gefällt dir seine Beziehung?
9. Wie lange wird unsere Beziehung deiner Meinung nach andauern?
10. Was bist du in Bezug auf Zeit, Energie, finanzielle/emotionale/spirituelle/körperliche Verpflichtung zu geben bereit? Was erhoffst du dir?

Die fünf wichtigsten Fragen bezüglich Ihres derzeitigen Partners

1. Wie sehr ähnelt sich unsere Sichtweise der Welt? Haben wir einen ähnlichen Referenzrahmen, um alltägliche Ereignisse zu interpretieren?
2. Handhaben wir unseren Alltag auf ähnliche Art und Weise?
3. Begehren wir einander mit derselben Intensität?
4. Verfügen wir über die Fähigkeit, Bereiche, in denen wir uns unterscheiden, zu handhaben/darüber zu sprechen/sie auszuhandeln?
5. Haben wir vereinbarte Ziele für unsere gemeinsame Zukunft?

Wichtige Fragen zu Trennung und Neuanfang

1. Hebst du Erinnerungsstücke (sentimentale Erinnerungsstücke) nach Ende einer Beziehung auf? Wie lange? Was machst du mit ihnen?
2. Glaubst du an den Spruch, dass es halb so lange dauert, über einen ehemaligen Partner hinwegzukommen, wie man mit ihm zusammen war?
3. Wenn du rückblickend den perfekten Überblick hättest, was war dann die beste Lektion, die du je gelernt hast?
4. Was tust du, um über Rachegefühle hinauszuwachsen?
5. Wie lange dauert es, bevor du an deinen ehemaligen Partner denken kannst, ohne in Erinnerungen zu schwelgen?

6. Warst du für einen Menschen schon einmal eine Liebesbeziehung, mit der er über einen anderen hinwegkommen wollte? Was ist da passiert?
7. Bleibst du mit ehemaligen Partnern befreundet? Warum oder warum nicht?
8. Wenn du weißt, dass die Beziehung auf ihr Ende zugeht, wie verhältst du dich dann?
   a) Du erwiderst seine/ihre Anrufe nicht.
   b) Du machst dir selbst etwas vor und sagst, du seist über deine letzte Beziehung noch nicht hinweg und noch nicht für eine neue bereit.
   c) Du bist direkt und sagst, dass die Beziehung für dich nicht funktioniert und nennst den Grund.
   d) Etwas anderes (bitte näher bezeichnen)
9. Was haben deine ehemaligen Partner rückblickend gemein? Worin waren sie sich am wenigsten ähnlich?
10. Was tust du als Erstes, wenn dir bewusst wird, dass du wieder Single bist und deine Zeit wieder dir gehört?
11. Wenn Love Potion No. 9 dein Elixier für körperliche Lust ist, was ist dein Elixier für den Neuanfang des Dating-Spiels?
12. Wie lange dauert es nach einer Trennung, bis du glaubst, dass es für dich einen besser geeigneten Partner als den letzten gibt?
13. Hast du jemals einen Lieblingsspitznamen oder Kosenamen wiederverwendet? Was war das für ein Spitzname? Wusste der neue Partner, dass du ihn schon einmal für einen anderen verwendet hast?
14. Hast du ein Geschenk, einen Ring oder etwas anderes Mate-

rielles schon einmal wiederverwendet? Hast du es zugegeben?

15. Hast du für deinen derzeitigen Partner schon mal den Namen deines ehemaligen Partners verwendet? Wann war das, und wie hat er reagiert?

Wichtige Fragen zu Distanz und Überbrückung von Entfernung

1. Was wärst du gewillt, für die Liebe aufzugeben?
   a) Eltern
   b) Haus
   c) Beruf
   d) Familie
   e) Freunde
   f) Kinder
   g) Kultur
   h) Staatsangehörigkeit
   i) Etwas anderes (bitte näher bezeichnen)
2. Wenn du etwas zurücklassen müsstest, wie würdest du vorgehen, um es in deinem Leben wiederzuerschaffen, sodass es wieder ausgewogen ist?
3. Was würdest du für eine mögliche Liebe *nie* aufgeben?
4. Worin besteht der Reiz, eine Beziehung zu einem Menschen zu pflegen, der nicht in derselben Stadt, im selben Bundesland oder im selben Land lebt?
5. Wie vermeidest du den »Oaseneffekt« (bei Besuchen spielt

das normale Leben keine Rolle, da beide versuchen, sich von der besten Seite zeigen), um jemand richtig *kennen zu lernen* und zu erfahren, wie er sich im Alltagsleben verhält?

6. Wenn du eine Beziehung auf weite Entfernung beginnen würdest, wie viel Zeit dürfte zwischen den Besuchen liegen?
7. Wie integrierst du einen anderen Menschen in dein Alltagsleben, wenn er weit entfernt lebt?
8. Aus welchem Grund würdest du dich auf einen kompatiblen Partner, der in einer anderen Stadt, einem anderen Bundesland oder Land lebt, nicht einlassen?
9. Wenn du nicht selbst da sein kannst, wie tröstest du dann diesen Menschen, feierst Erfolge mit ihm und unterstützt ihn allgemein in seinen Bestrebungen?
10. Wenn du dir aussuchen könntest, wo du leben möchtest, welchen Ort würdest du auswählen und warum?
11. Wie kam es dazu, dass du in der Stadt lebst, in der du gerade wohnst?
12. Wie oft bist du in deinem Leben schon umgezogen? Was hat diese Umzüge ausgelöst?
13. Wofür bist du bereit, Geld auszugeben (und wie viel), um jemanden kennen zu lernen, der nicht in deiner direkten Umgebung wohnt?
    a) Kurier
    b) Zeit
    c) Flüge
    d) Ferngespräche
    e) Briefmarken
    f) Etwas anderes (bitte näher bezeichnen)

Wichtige Fragen zur Akzeptanz von Veränderungen

1. Wo ziehst du die Grenze zwischen einer Veränderung für einen anderen Menschen – und Selbstverbesserung?
2. Wie passt du dich Veränderungen an?
3. Wie lange dauert es, bis dich Routinesachen langweilen?
4. Bringen dich unerwartete Veränderungen an den Plänen für den Abend aus dem Konzept? Wenn ja – was bringt dich durcheinander?
5. Welches ist die traumatischste unerwartete Veränderung in deinem Leben, mit der du dich jemals auseinander setzen musstest? Wie hast du das geschafft?
6. Du hast dich verabredet und er/sie kommt zu spät. Wie begrüßt du ihn/sie an der Tür?
7. Du stehst unter Zeitdruck. Was tust du?
   a) Du verkürzt deine Vorbereitungszeit und erzielst nicht ganz den gewünschten Look, aber zumindest wirst du nicht zu spät kommen.
   b) Du gehst das übliche Programm schneller durch und ziehst irgendwas an, um nicht zu spät zu kommen.
   c) Du machst im üblichen Tempo weiter und kommst halt zu spät.
8. Was war die größte Veränderung in deinem Leben?
9. Was ist die größte Veränderung, die du persönlich gelobt und erfolgreich in dein Leben integriert hast?
10. Setz das fehlende Wort ein: … werde ich *nie* wieder tun. Warum? Hältst du dich immer noch daran?

11. Was bist du absolut nicht – unter keinen Umständen – gewillt, für einen anderen Menschen zu ändern?
12. Du kommst nach Hause und stellst fest, dass dein »Schatz« deinen Haushalt völlig auf den Kopf gestellt und »verkleinert« hat? Was tust du?
13. Dein Partner ändert radikal sein Aussehen und überrascht dich damit an der Tür? Was tust du? Was sagst du?
14. Gibt es Konstanten in deinem Leben, die es dir ermöglichen, spontane Veränderungen in anderen Bereichen zu erleben? Welche Konstanten sind das? In welchen Bereichen kannst du spontan sein?

Wichtige Fragen zum Sex

1. Was ist deiner Meinung nach sexy?
2. Was ist dir lieber – dass andere dich für sexy halten oder für klug?
3. Wenn du dich sexy fühlen möchtest, was ziehst du dann an?
4. Was ist guter Sex?
5. Praktizierst du immer Safer Sex? Wenn nicht, warum nicht oder wann nicht?
6. Bittest du deinen Partner, ein Kondom zu verwenden oder forderst du es?
7. Wie sprichst du das Thema Kondome mit einem neuen Partner an? Machst du eine humorvolle Bemerkung oder gehst du das Thema ernst an? Wie?

8. In welcher Hinsicht sehen Männer und Frauen Sex unterschiedlich?
9. Unterscheidest du zwischen Liebe und Sex?
   Wenn ja – wie?
10. Wie würdest du dich fühlen, wenn jemand ernsthaft sagen würde: »Also, ich habe kein Interesse an einer Beziehung zu dir, aber wenn du mit mir schlafen möchtest ...?« Hast du das schon einmal zu jemandem gesagt?
11. Wie definierst du Untreue?
12. Wie sah deine Sexualerziehung aus?
13. Wer hat dich über das andere Geschlecht aufgeklärt? Was wurde dir erzählt?
14. Welche Auswirkungen hat das auf dein Leben als Erwachsener?
15. Warst du je in der Lage, deine beste sexuelle Erfahrung zu duplizieren?
16. Hast du jemals zu lange an einer Beziehung festgehalten, weil der Sex wirklich gut war?
17. Wer übernimmt die Verantwortung für die Schwangerschaftsverhütung? Der Mann oder die Frau? Warum?
18. Wann weißt du, dass du deinen Partner wirklich »kennst«?
19. Hältst du es für kulturelle Ironie, dass es Menschen oft zu peinlich ist, das Thema Kondome anzusprechen, dass es ihnen dagegen leicht fällt, sich mit einem anderen körperlich zu vereinigen?
20. Welche Toleranz hast du in Bezug auf die sexuelle Vergangenheit eines Menschen, und wie viel gibst du selbst preis?
21. Magst du deinen Körper?

22. Woher weißt du, dass es an der Zeit ist, eine sexuelle Beziehung einzugehen?
23. Wie alt warst du, bevor du über Sex reden konntest, ohne dass es dir peinlich war?
24. Was war dein Geheimzeichen oder Geheimcode in der Vergangenheit für: »Ich will dich!«? Oder: »Lass uns von dieser Party nach Hause gehen – sofort!«?
25. Hast du jetzt auch einen Geheimcode? Wie sieht er aus?
26. Wie wichtig ist die körperliche Anziehungskraft bei der Suche nach einem Partner?
27. Glaubst du an Liebe auf den ersten Blick? Oder ist es Lust?
28. Wie lange warst du jemals gewillt zu warten, bis du dich der Leidenschaft hingegeben hast?
29. Hast du jemals gewusst, es sei das letzte Mal, als es passierte? Welches Gefühl hattest du dabei?
30. Wie viel Sex brauchst du? Hast du jemals genug bekommen?
31. Ist Schokolade Ersatz für Sex? Irgendetwas anderes? Wenn ja, was ist es?
32. Möchtest du mich so gut kennen lernen wie die Person, die dir am nächsten steht?
33. Wie definierst du Grenzen, wenn du in einer Beziehung bist, sodass du zum einen Intimität aufbauen kannst, dich zum anderen aber nicht selbst verlierst?

Wichtige Fragen zu Unterschieden

1. Glaubst du, dass Gegensätze sich anziehen? Warum oder warum nicht?
2. Handhabst du *Verabredungen* mit jemandem, der sich bezüglich seiner Herkunft radikal von dir unterscheidet, anders als wenn es um die Entscheidung zur *Ehe* mit ihm geht?
3. Was würde dich dazu inspirieren, mit jemandem auszugehen (es geht nicht ums Heiraten), der anders ist als du?
   a) Andere Religion
   b) Andere Rasse
   c) Geschieden
   d) Andere Ausbildung
   e) Kinder
   f) Etwas anderes (bitte näher bezeichnen)
4. Wie sehr dürfte sich der Betreffende in dieser Hinsicht unterscheiden? Warum?
5. Wie würdest du eine intime Beziehung aufrechterhalten, wenn du grundlegend anderer Meinung wärst?
6. Bist du schon einmal irgendwo hingegangen, um einfach mal etwas ganz anderes zu tun? Wo bist du hingegangen und welches Gefühl hattest du dabei?
7. Hast du schon einmal etwas getan, um anders zu sein? Was hast du getan?
8. Könntest/Würdest du mit jemandem kommunizieren, der deine Sprache nicht spricht? Wie?
9. Wie sieht deine Behaglichkeitszone in Bezug auf Unter-

schiede aus? Wie fühlst du dich, wenn du dich außerhalb deiner Behaglichkeitszone aufhältst?

10. Wie groß ist der größte Altersunterschied, mit dem du zurechtkommen würdest? Warum?

Fragen zu persönlichen Einsichten

1. Liebst du dich?
2. Was liebst du an dir?
3. Über welche Fähigkeiten verfügst du von Natur aus, die du wertlos findest?
4. Welches ist das schmeichelndste Adjektiv, mit dem man dich beschreiben könnte?
5. Welches ist das beleidigendste Adjektiv, mit dem man dich beschreiben könnte?
6. Welches ist das schönste Kompliment, das du jemals bekommen hast?
7. Wie nimmst du Komplimente an?
8. Welche Probleme gehst du direkt an?
9. Bei welchen Problemen zögerst du am ehesten?
10. Was waren die drei wichtigsten Wendepunkte in deinem Leben?
11. Was wird deiner Meinung nach der nächste Wendepunkt sein?
12. Rennst du vor Problemen weg oder gehst du lieber direkt auf sie zu?
13. Bist du hinsichtlich Freitag, den 13., abergläubisch?

14. Wann hattest du schon mal das Gefühl im Leben, Glück gehabt zu haben?
15. Was sagst du, wenn dich jemand nach deinem Beruf fragt?
16. Was sagst du, wenn jemand fragt, warum du nicht verheiratest bist?
17. Falls du geschieden bist, was antwortest du auf die Frage, warum du dich hast scheiden lassen?
18. Wie stellst du dich anderen vor?
19. Glaubst du an das Sprichwort: »Sag mir, welches Auto du fährst, und ich sage dir, wer du bist.«? Wenn ja, wer bist du dann?
20. Welcher deiner Träume erscheint dir so unrealistisch, dass dich allein schon der Gedanke, er könne erfüllt werden, mit Euphorie *und* Angst erfüllt? Machst du Fortschritte in deinem Bemühen, ihn Wirklichkeit werden zu lassen?
21. Wenn jemand eine Kristallkugel hätte und sagen würde: »Ich weiß, wo du in sechs Monaten/in einem Jahr sein wirst«, würdest du das wissen wollen? Warum? Oder warum nicht?
22. Hat dir schon mal jemand gesagt, dass du sehr von dir überzeugt bist?
23. Kannst du genauso gut zuhören wie du erzählst?
24. Wann zeigst du deine beste Seite?
25. Wie sieht diese beste Seite aus?
26. Wann zeigst du deine schlechteste Seite?
27. Wie sieht deine schlechteste Seite aus?
28. Welche Dinge tust du, die du insgeheim für eine Verschwendung hältst und trotzdem tust, weil du sie genießt?
29. Was tust du als Mann, um mit deiner weiblichen Seite Kon-

takt aufzunehmen, und worauf bist du stolz? Als Frau ... mit deiner männlichen Seite?

30. Welche der folgenden Situationen würdest du am *wenigsten* erleben wollen?
    a) Du bist allein unterwegs und dein Wagen hat Kilometer von der nächsten Werkstatt entfernt eine Panne.
    b) Du kommst aus dem Kasino zurück, nachdem du dort ein Monatsgehalt verspielt hast.
    c) Du musst einen Mitarbeiter abmahnen.
    d) Du musst deinem Partner oder Freund sagen, dass die Art und Weise, wie er dich berührt – oder küsst –, nicht *ganz* deinen Vorstellungen entspricht.
    e) Du musst ein Kleidungsstück ohne Kassenzettel mehrere Wochen nachdem du es gekauft hast zurückbringen.
    f) Du hast gerade genug Geld, um *drei* von *vier* Rechnungen zu bezahlen, was heißt, dass du jemanden anrufen und um Zahlungsaufschub bitten musst.
    g) Du bist arbeitslos geworden und musst dir einen neuen Job suchen.
    h) Dein Partner sagt dir, dass er dich betrogen hat.
    i) Du musst versuchen, abzunehmen und wieder das Gewicht deiner Jugendjahre zu erreichen.
    j) Du musst dich im Ausland ganz allein zurechtfinden.
    k) Dir steht eine Steuerprüfung bevor.
    l) Du musst deinem besten Freund gegenübertreten und eine Sünde gestehen.
    m) Du musst deine Eltern mit etwas konfrontieren, von dem du weißt, dass sie es nicht hören wollen.

31. Wo ist in Bezug auf deinen Besitz, deinen Lebensraum oder deine emotionale Vergangenheit der Zutritt verboten? Ändert sich das jemals?
32. Wenn du *nur eine* der folgenden Möglichkeiten auswählen könntest, welche wäre das?
    a) Ein Assistent, der deinen Kalender verwaltet und Dinge für dich erledigt.
    b) Eine Haute Couture-Garderobe.
    c) Lunch mit der Queen.
    d) Tribünenplätze im Fußballstadium.
    e) Tickets für Wimbledon.
    f) Ein größerer Busen.
    g) Beratung für Investitionen durch den Präsidenten der EU-Bank.
    h) Einsteins Talent.
    i) Eine Reise durch den Weltraum.
33. Wer hat dich den Umgang mit dem anderen Geschlecht gelehrt?
34. Dein Partner versucht, deine Aufmerksamkeit zu erregen. Wobei darfst du absolut nicht – aus keinem Grund – gestört werden?
35. Was waren die größten Tragödien in deinem Leben?
36. Wofür schämst du dich in deinem Leben am meisten?
37. Was ist der Unterschied zwischen Schuldgefühlen und Gewissensbissen?
38. Welche Fehler hast du in deinem Leben gemacht?
39. Wie oft hast du denselben Fehler gemacht?
40. Sind Männer und Frauen gleichberechtigt?

41. Sind Männer und Frauen sich eher ähnlich oder verschieden?
42. Bist du ein reicher Mensch? In welcher Hinsicht?
43. Hast du die Dinge aufgegeben, die du als Kind gelernt hast? Warum?
44. Hat sich deine Moral mit zunehmender Reife verändert?
45. Wodurch wird die Welt durch deine Existenz zu einem besseren Ort?
46. Was ist für dich die freundlichste oder schönste Geste eines Freundes?
47. Könntest du dein eigener bester Freund sein? Wenn du dein bester Freund wärst, was müsste er tun, um dich wütend zu machen? Oder um deine Gefühle zu verletzen?
48. Gibt es Wörter, die du bei einem Streit nie verwenden würdest? Oder in einem Gespräch?
49. Für welches Verhalten musstest du dich nach einem Streit entschuldigen? Mehr als einmal? Gegenüber verschiedenen Personen?
50. Wo stehst du in deinem Leben? Überrascht dich das?
51. Was, das nichts mit Geld zu tun hat, hoffst du zu erreichen?
52. Welche von deinen Geldanlagen würdest du nie aufgeben?
53. Welche Besitztümer solltest du eigentlich aufgeben?
54. Wann ist es wahrscheinlich, dass du sagst: »Hab ich dir doch gleich gesagt!«?
55. Was war für dich die schönste Überraschung in deinem Leben?
56. Welche Geschichte aus deinem Leben hast du schon bis zum Überdruss erzählt?

Jody, 38

Plano, Texas – IT Consulting Manager

1985 lernte ich in einem Club einen Mann kennen. Es war spät am Freitagabend, und ich hatte vielleicht ein Glas Alkohol getrunken. Ich war 20 Jahre alt, als ich diesen Typ sah, der wie der typische Junge von nebenan aussah. Ich unterhielt mich mit ihm und sagte, dass er mich an jemanden erinnerte, mit dem ich in einem Zeltlager zusammengearbeitet hatte (das war mein Ferienjob in den Semesterferien). Es war schon spät, und der Club machte zu, und wir beschlossen, noch einen Kaffee zu trinken. Danach gingen wir zu mir nach Hause. Ich hatte nicht die Absicht, Sex zu haben. Bei mir zu Hause redeten wir ewig lange darüber, warum ich nicht mit ihm schlafen wollte ... Ich glaube, es ging vor allen Dingen um AIDS und darum, dass er mich am nächsten Morgen nicht respektieren würde. Auf das Thema einer möglichen Schwangerschaft kamen wir überhaupt nicht zu sprechen. Schließlich war ich so weit, dass es mir egal war, ob er mich jemals wieder anrufen würde oder nicht, und ich machte mit. Ich muss wohl nicht sagen, dass er nie wieder anrief, und heute habe ich einen wunderbaren siebzehnjährigen Sohn, der seinen Vater nicht kennt.

Meine Frage hätte also lauten sollen:
Kann ich deine Telefonnummer haben?

57. Welche Geschichte hast du einem anderen Menschen noch nie erzählt?
58. Welche Charaktereigenschaft konntest du nur sehr schwer ändern?

59. Wie lautet die erste Frage, die du Leuten stellst, wenn du sie triffst? Warum?
60. Welche Handlung in der Vergangenheit ist besonders typisch für deine Persönlichkeit?
61. Worüber musst du laut lachen oder heulen, wenn du allein bist?
62. Was motiviert dich dazu, morgens aufzustehen?
63. Was motiviert dich dazu, zu Bett zu gehen?
64. Wobei hast du in deinem Leben am meisten Angst, die Kontrolle zu verlieren?
65. Wohin gehst du?
66. Woher kommst du?
67. Schaust du zurück, wenn du dich vorwärts bewegst?
68. Verläuft das Leben linear?
69. Was ist Kreislogik?
70. Bist du jemals um etwas herumgegangen, statt mitten hindurch?
71. Wie reagierst du in einer Krise?
72. Wobei verlierst du die Geduld?
73. Wodurch schmilzt du für einen anderen dahin?
74. Was macht dich verlegen?
75. Wie schützt du dich, wenn du verlegen bist?
76. Erinnerst du dich nach einer erstmaligen Vorstellung an Namen? Worin besteht dein Trick dabei?
77. Wie schüttelst du jemandem die Hand?
78. Wie definierst du deinen persönlichen Raum?
79. Wann lässt du zu, dass jemand deinen persönlichen Raum betritt?

80. Was hat jemand einmal für dich getan, das du ein Leben lang zu schätzen weißt?
81. Hattest du schon einmal eine Muse?
82. Hat dich schon einmal jemand dazu inspiriert, ein besserer Mensch zu werden? Falls ja – hast du dich geändert? Und war es von längerer Dauer?
83. Wie schnell kannst du tippen?
84. Welchen Komiker findest du komisch?
85. Was verleitet dich bei Kunst dazu zu sagen, dass du das auch gekonnt hättest – sei es ein Film, Buch, Gemälde oder Mode?
86. Hast du tatsächlich schon einmal deine eigene Version eines Kunstwerks geschaffen?
87. Hast du schon einmal Heimweh gehabt? Wann?
88. Hast du schon einmal etwas Zwanghaftes getan?
89. Hast du schon einmal etwas Verschwenderisches getan?
90. Haben dir deine Handlungen schon einmal Angst eingejagt?
91. Was verleiht dir ein Gefühl von Sicherheit?
92. Denkst du mit der rechten oder der linken Gehirnhälfte?
93. Bist du Rechts- oder Linkshänder? Was kannst du mit der linken Hand tun? Mit der rechten?
94. Hat man sich schon mal über dich lustig gemacht? Wie hast du dich da gefühlt?
95. Machst du dich über andere lustig?
96. Machst du Bemerkungen über andere Leute? Ihnen gegenüber? Für dich im Privaten oder anderen gegenüber?
97. Ein Fremder geht an dir vorbei und du bewunderst sein(e)

__________ (Wort einsetzen). Machst du ihm ein verbales Kompliment, oder behältst du das Kompliment für dich?

98. Was gefällt dir an deinem Aussehen am wenigsten?
99. Bist du voreingenommen?
100. Bist du ein Planer? Oder zögerst du Dinge eher hinaus?
101. Wenn du morgen sterben würdest, was würdest du am meisten bedauern?
102. Was ist deine Lieblingsfarbe?
103. Was ist der schönste Klang, den du je gehört hast?
104. Welcher Ton bringt dich zum Kichern?
105. Welcher ist dir unangenehm?
106. Wann hast du zum letzten Mal geweint? Warst du allein?
107. Wann herrscht Stille in deinem Kopf?
108. Hast du schon mal deinen Namen ändern wollen?
109. Wie lautet dein Spitzname? Von wem hast du ihn bekommen?
110. Wie sieht dein Traumurlaub aus?
111. Welchen Traum hast du im Leben?
112. Welches ist dein Traumauto? Wo würdest du damit herumfahren?
113. Hältst du dich für klug?
114. In welcher Beziehung bist du klug?
115. Was ist Wahrheit?
116. Was ist Ehrlichkeit?
117. Wann ist es akzeptabel zu lügen?
118. Wen würdest du am ehesten belügen? Wobei?
119. Kannst du still daliegen?
120. Bist du photogen?

121. Hast du ein photografisches Gedächtnis? Was bedeutet mnemotechnisch?
122. Wenn dich jemand verbal angreift, wie reagierst du dann?
123. Was vereint die Menschheit?
124. Was spaltet die Menschheit?
125. Wie tragen deine Handlungen zu dem einen oder anderen bei?
126. Hast du Vorurteile?
127. Hast du negative Einstellungen gegenüber Philosophien oder Menschen? Gegenüber welchen?
128. Bist du glücklich in deinem Leben?
129. Wobei fällt es dir schwer, dir von anderen helfen zu lassen?
130. Kannst du um Hilfe bitten?
131. Wann ist der Punkt gekommen, an dem du nicht mehr weiterkannst?
132. Welche Grundsätze hast du?
133. Wovor läufst du weg?
134. Hast du einem geschenkten Gaul schon mal ins Maul geschaut?
135. Wie sieht deine Vision aus?
136. Wie sieht deine Vision der Zukunft aus?
137. Wovon träumst du?
138. Erinnerst du dich an deine Träume?
139. Träumst du in Farbe oder in Schwarzweiß?
140. Wovon bekommst du Alpträume?
141. Was hält dich nachts wach?
142. Akzeptierst du dich?

143. In welcher Situation hast du dich herausgefordert gefühlt – sei es spirituell, körperlich oder gefühlsmäßig?
144. Welche Ereignisse in der Welt belasten dein Herz?
145. Welcher Sache auf der Welt sollte man besondere Aufmerksamkeit schenken? Kannst du das leisten?
146. Was langweilt dich?
147. In welcher Hinsicht verhältst du dich kindisch?
148. Spielst du gerne?
149. Glaubst du an Regeln?
150. Befolgst du die Regeln?
151. Wann hast du Vorschriften schon einmal verletzt?
152. Hast du dadurch dir oder einem anderen geschadet?
153. Welche Spiele spielst du mit dir selbst?
154. Lässt du andere Spiele mit dir spielen?
155. Musst du eine Unterhaltung immer allein bestreiten?
156. Was betreibst du mit Leidenschaft?
157. Was ist dir gleichgültig?
158. Worin bestehen deine persönlichen Kontrollen und Ausgleichsmöglichkeiten?
159. Was ist deine größte Leistung?
160. Was ist dein größtes Versagen?
161. Hast du jemals einen Test in der Schule nicht bestanden?
162. Glaubst du, dass Noten Intelligenz widerspiegeln?
163. Hast du aus Büchern oder durch das Leben gelernt?
164. Wann hast du das, was du in der Praxis gelernt hast, eingesetzt, um dich aus einer misslichen Lage zu befreien?
165. Hast du schon einmal die Zukunft vorhersagen wollen?
166. Hat dich schon mal jemand als klug beschrieben?

167. Hat dich schon mal jemand als humorvoll oder komisch beschrieben?
168. Hat dich schon mal jemand als hochnäsig bezeichnet?
169. Hat schon mal jemand gesagt, dass du ungezogen bist?
170. Worin besteht der Unterschied zwischen Selbstbewusstsein und Arroganz? Was trifft eher auf dich zu?
171. Verfügst du über die Selbstbeherrschung und Weisheit, den Menschen in deinem Leben, die dir nicht geben können, was du dir wünschst oder was dir viel bedeutet, aus dem Weg zu gehen?
172. Hast du eine innere Stimme, die dich leitet? Hörst du auf sie?
173. Was ist die eine Frage, die du dir aus Angst nicht selbst stellst?
174. Wie lautet das Mantra deines Lebens?
175. Ist Neugier nur etwas für Kinder?
176. Was bringt dich zur Raserei?
177. Bist du geduldig?
178. Wer kann deine Geduld am besten auf die Probe stellen?
179. Wenn es nicht so läuft, wie du es dir erhofft hast, was sagst du dir dann?
180. Wen würdest du als moralisch tadelnswert bezeichnen?
181. Wer ist deiner Meinung nach zurzeit eine der charismatischsten Persönlichkeiten im öffentlichen Leben?
182. Wer ist deiner Meinung nach eine der charismatischsten Persönlichkeiten der Geschichte?
183. Wer hat sich deiner Meinung nach öffentlich zum Narren gemacht?

184. Wie würdest *du* auf eine verletzende öffentliche Untersuchung reagieren?
185. Würdest du deine Familie der Lächerlichkeit preisgeben, um in ein politisches Amt berufen oder in ein öffentliches Amt gewählt zu werden?
186. Bist du im Geben so gut wie im Nehmen? Emotional? Körperlich? Finanziell?
187. Was kannst du mir beibringen?
188. Was hoffst du, von mir zu lernen?
189. Welche Lektion musstest du wieder und wieder lernen?
190. Findest du Vollkommenheit in der Unvollkommenheit? Kannst du das mit einem Beispiel belegen?
191. Was bedeutet Schönheit für dich?
192. Welches ist das falscheste Bild, das andere sich von dir machen?
193. Wie alt bist du körperlich?
194. Wie alt bist du mental?
195. Wie alt bist du spirituell?
196. Wie alt bist du wirklich?
197. Wenn es keine Unterschiede gibt, warum glaubst du, ist das so?

     Wenn es Unterschiede gibt, warum und in welcher Hinsicht?
198. Wie haben sich deine Prioritäten im letzten Jahr geändert? In den letzten fünf Jahren?
199. Welche Prioritäten und Ziele hast du dir für das kommende Jahr gesetzt?
200. Welche drei Dinge fürchtest du am meisten?

201. Wie würdest du im Allgemeinen deine Einstellung zum Leben beschreiben?
202. Was ist der Zweck deines Lebens?
203. In welchem Zusammenhang sollte man sich an dich erinnern?
204. Wovon hoffst du, dass die anderen es vergessen werden?
205. Wie setzt du deine Kreativität im Leben ein?
206. Wie setzt du deine Kreativität im Spiel ein?
207. Wie setzt du deine Kreativität zum Lösen von Problemen ein?
208. Beneidest du einen anderen Menschen um das Leben, das er führt? Wen?
209. Wie bestrafst du dich selbst?
210. Wie belohnst du dich?
211. Unterscheidest du zwischen Gotteslästerung und Fluchen?
212. Verwendest du häufig Schimpfwörter?
213. Findest du es richtig, wenn Kinder Schimpfwörter verwenden?
214. Wenn du fluchst, welche Schimpfwörter benutzt du dann?
215. Was ist dein liebstes Schimpfwort?
216. Wie hast du eine Zeit des Selbstzweifels überwunden?
217. Wenn ich sagen würde, dass das Leben ein Bankett ist, was würdest du dann antworten?
218. Bist du passiv-aggressiv?
219. Umgehst du Dinge passiv oder bist du direkt?
220. Was machst du gut, ohne viel Mühe dafür aufzuwenden?
221. Was machst du gut, wobei du dich jedoch bewusst darauf konzentrieren musst?

Daniel, 55

Lewisville, Texas – Technischer Vertrieb

Da ich erst mit 35 geheiratet habe, war ich daran gewöhnt, allein zu leben und jederzeit das zu tun, was mir in den Sinn kam. Ich fühlte mich frei und unbeschwert.

Meine erste und einzige Exfrau lernte ich durch den Beruf kennen. Sie arbeitete als Vertreterin in Neuengland und verkaufte die Produkte unserer Firma, die ihren Sitz in Dallas hat. Auf einer Geschäftsreise lernten wir uns kennen und verbrachten ein schönes Wochenende miteinander. Ich kehrte nach Texas zurück, wo ich zwei oder drei Freundinnen hatte, mit denen ich ausging.

Schließlich zog sie aus beruflichen Gründen nach Texas, wie ich glaubte. Dann zog sie aus ihrer Wohnung am anderen Ende der Stadt in eine Wohnung in dem Gebäude, in dem ich auch wohnte. Dann nahmen wir eine Wohnung zusammen und kauften schließlich ein Haus. Ein Hauskauf war für mich absolut nicht attraktiv, bis mir klar wurde, dass ich nun Platz haben würde, um an meinem 1938er Chevrolet zu arbeiten! Wenn das kein guter Grund ist, zusammen mit der Freundin ein Haus zu kaufen!

Wir sprachen nie von Heirat, aber schließlich kam das Gespräch doch darauf, und bald waren wir die Eltern zweier wirklich wunderbarer Kinder. Meine Exfrau, die nicht mehr berufstätig war, widmete sich ganz ihren hausfraulichen Aktivitäten, zu denen auch ihr Einkaufstick zählte. Wir kauften immer größere Häuser, und die Rechnungen fielen höher aus, aber ich hörte immer nur von ihr, dass alles in Ordnung sei. Der berufliche Druck bei mir nahm zu, da die Umsätze nachließen, und die Spannungen zu Hause wurden immer größer. Bei Fragen nach den Finanzen ging sie in die Defensive, wurde gewalttätig und beschimpfte mich. Sie sagte, ich vertraue ihr nicht und dass eine Scheidung die einzige Lösung sei. Auf diese Art und Weise kontrollierte sie mich, da ich immer nachgab und ihr *vertraute*, dass sie sich um alles kümmern würde. Ich Idiot …

Vor etwa drei Jahren wurde unsere Beziehung immer frostiger, und finanziell geriet alles außer Kontrolle. Sie erklärte, dass sie mich nicht mehr liebe, und forderte die Scheidung. Als ich mich den Finanzen widmete, erfuhr ich, dass sich im Lauf der Jahre Kreditkartenschulden in Höhe von über 60 000 Dollar angesammelt hatten und sie zudem eine Affäre mit einem örtlichen Polizisten begonnen hatte. Die Familie wurde auseinander gerissen, ich verlor meinen Job und stand vor dem finanziellen Ruin. Die mangelnde Kommunikation bei uns führte dazu, dass ich mitmachte, um alles zusammenzuhalten. Wir hatten uns vor der Eheschließung nicht richtig kennen gelernt, und schließlich bedeuteten mein Gehorsam und meine Treue über 15 Jahre hinweg praktisch nichts. Um Auto zu fahren oder ein Flugzeug zu fliegen, muss man Prüfungen und Tests bestehen. Um zu heiraten und Kinder zu bekommen, gibt es keinen Test und keine Gebrauchsanleitung … Vielleicht wäre das eine gute Idee.

Die Frage, die ich mir hätte stellen sollen, lautet:
Warum habe ich es zugelassen, mich manipulieren zu lassen und in einer nutzlosen Ehe zu verharren?

222. Wenn jemand sagt, in deinem Leben seien Verbesserungen möglich, was meint er dann speziell?
223. Glaubst du, dass du zu einem bestimmten Zeitpunkt in

deinem Leben bestimmte Dinge erreicht haben solltest? Dass du zum Beispiel in einem bestimmten Alter verheiratet sein solltest? Oder einen bestimmten Job annehmen und einen anderen aufgeben solltest? Oder Kinder haben solltest?

224. Welchem Druck, etwas Bestimmtes zu erreichen, fühlst du dich ausgesetzt?
225. Welche Brücken hast du abgebrochen? Hast du sie neu errichtet?
226. Würdest du lieber deinen IQ, deine Schönheit oder deinen Reichtum um 20 Prozent erhöhen?
227. Wenn du einen Feiertag erfinden könntest, wie wäre der?
228. Wie läuft ein schönes Weihnachtsfest für dich ab?
229. Was ist wichtiger: Frieden auf Erden oder Wohlwollen gegenüber den Menschen?
230. Integrierst du beides in deine täglichen Aktivitäten? Wie?
231. Was ist für dich ein Grund zur Sorge?
232. Was ist dir verdächtig?
233. Was war für dich das Schwerste, das du persönlich überwinden musstest?
234. Was war das bisher herausforderndste Hindernis für dich?
235. Welche zehn Dinge würdest du gerne tun, bevor du stirbst?
236. Was soll auf deinem Grabstein stehen?
237. Was hält dich davon ab, deine Ziele zu erreichen?
238. Was ist normal?
239. Hältst du dich für normal?
240. Was war dein letztes Abenteuer?
241. Wann hattest du dein Leben am wenigsten unter Kontrolle?

242. In welcher Situation hast du dich besonders dumm verhalten?
243. Welche Art von Macht wünschst du dir?
244. Welche Stadt beschreibt deine Persönlichkeit am besten? Warum?
245. Wie wichtig ist es für dich, in einem Gespräch oder Konflikt Recht zu haben?
246. Musst du das letzte Wort haben?
247. Welche ist die schlechteste Eigenschaft, die du von deinen Eltern geerbt hast?
248. Welche vier Menschen hatten den meisten Einfluss auf deine Entwicklung?
249. Wodurch fühlst du dich wieder wie ein Kind?
250. Welche drei Dinge führst du ständig im Mund?
251. Was tust du zur Entspannung?
252. Was lohnt mehr – die Reise an ein Ziel oder das Erreichen des Ziels?
253. Glaubst du an Markentreue?
254. Welchen Marken bist du treu?
255. Wobei hast du im letzten Monat gezögert? Im letzten Jahr? In deinem Leben?
256. Was ist deine beste Fähigkeit in Beziehungen?
257. Was ist deine schlechteste Fähigkeit in Beziehungen?
258. Was gefällt dir am besten an dir?
259. Wenn du über Nacht zum Millionär werden würdest, wie würde sich dein Leben ändern?
260. Findest du die Vorstellung, für 15 Minuten berühmt zu sein aufregend? Oder jagt sie dir Angst ein? Warum?

261. Findest du es aufregend, vor einer Gruppe von Menschen zu sprechen? Oder erfüllt dich das mit Schrecken?
262. Sind die Menschen deiner Meinung nach grundsätzlich gut oder schlecht?
263. Gab es in deinem Leben schon mal eine Situation, in der du nicht mehr weiterwusstest?
264. Achtest du besser auf deinen Besitz oder auf den anderer?
265. Was ist deine selig machende Gnade?
266. Redest du über andere?
267. Liebst du Klatsch?
268. Gab es über dich schon mal ein Gerücht? Was war das für ein Gerücht? Wie bist du damit umgegangen?
269. Was jagt dir mehr Angst ein?
    a) Der Gedanke, niemals einen Partner zu finden
    b) Der Gedanke, einem anderen Menschen deine nackte Seele zu offenbaren
270. Was jagt dir noch Angst ein?
    a) Liebe
    b) Einsamkeit
    c) Dunkelheit
    d) Nächtliche Friedhofsbesuche
    e) Tauchen
    f) Drachenfliegen
    g) Etwas anderes (bitte näher bezeichnen)
271. Was macht dich neugierig?
272. Was verstehst du am wenigsten im Leben?
273. Was macht dich nervös?

274. Wodurch verrät dein Körper deine Nervosität? Wie überspielst du das?
275. Hast du schon einmal jemanden getroffen, der deiner Meinung nach eine berauschende Persönlichkeit hatte? Was war an ihm unwiderstehlich?
276. Was ist an dir berauschend?
277. Glaubst du an Zauberei?
278. Magst du Schrullen?
279. Glaubst du an Glücksbringer?
280. Was ist der Unterschied zwischen Zuhören und Hören?
281. Kannst du gut Gutenachtgeschichten vorlesen?
282. Kannst du deine Gefühle steuern? Was bedeutet das für dich?
283. Nimmst du jeden Tag denselben Weg zur Arbeit?
284. Fährst du so Auto, wie du redest?
285. Was gefällt dir am Leben in deinem Land besonders gut, was in deiner Stadt?
286. Was missfällt dir am Leben in deinem Land, und was in deiner Stadt?
287. Was hast du in deinem Leben für dich Wichtiges getan?
288. Was hast du für deine Familie Wichtiges getan?
289. Was hast du für deine Freunde Wichtiges getan?
290. Was hast du für die Welt Wichtiges getan?
291. Wurdest du oder ein Mensch, den du liebst, im Leben schon einmal ungerecht behandelt? In welcher Situation? Wie hast du reagiert?
292. Welche Situation empfindest du als ungerecht?
    a) Apartheid

b) Sklaverei
c) Indianer, die ihres traditionellen Lebens beraubt wurden
d) Khmer Rouge
e) Lager der Sandinisten
f) Den Holocaust
g) Etwas anderes (bitte näher bezeichnen)

293. Welche anderen globalen Probleme bereiten dir Sorge?
a) Kinderarbeit
b) Scheidung
c) Abholzung des Regenwaldes
d) Völkermord
e) Analphabetentum
f) Treibhauseffekt
g) Regierungsvertretung
h) Krankenversicherung
i) Armut
j) Hunger in der Welt
k) Soziale Sicherheit
l) Steuern
m) Krieg
n) Weltfriede
o) Etwas anderes (bitte näher bezeichnen)

294. Hat deiner Meinung nach die Moral in der westlichen Welt nachgelassen? Meinst du, dass man sich deshalb Sorgen machen muss?

295. Wenn die Moral nachgelassen hat, was würdest du (oder wir) tun, um sie wieder aufleben zu lassen?

296. Fühlst du soziale Verantwortung, in diesen Situation zu helfen? Was würdest du tun?
297. Zu welchem Zeitpunkt in deinem Leben wurde dein Selbstbewusstsein am meisten erschüttert? Wie hast du dich davon erholt?
298. Wenn du an einem Spiegel vorbeikommst, schaust du dann hinein?
299. Kannst du an einem Spiegel vorbeigehen, ohne dich zu betrachten?
300. Wodurch wird bei dir ein Gefühl der Entspannung ausgelöst?
301. Was ruft bei dir noch ein Gefühl der Entspannung hervor?
302. Für was hast du jemandem in deinem Leben die Schuld gegeben? Gibst du ihm immer noch die Schuld?
     Wenn nicht, wie bist du darüber hinweggekommen?
     Hast du deine Schuldzuweisung in Worte gefasst?
     Hat das Wirkung gezeigt?
     Hat dich das befriedigt?
303. Welche körperlichen Gesten betrachtest du als Zeichen von Zuneigung gegenüber einem Fremden?
     Liebespartner?
     Bruder oder Schwester?
     Freundin?
     Freund?
     Mutter?
     Vater?
304. Wie viel Zuneigung magst du?
     Körperlich?

Verbal?

Was hast du nur für einen Liebespartner reserviert?

305. Definiere deinen persönlichen Raum und was du tust, wenn jemand in ihn eindringt.

Emotional?

Körperlich?

306. Wenn du dich mit einem Hollywood-Star verabreden könntest, wen würdest du auswählen?
307. Was für einen ersten Eindruck machst du?
308. Glaubst du an die Bedeutung des ersten Eindrucks?
309. Wen hast du nach dem ersten Eindruck völlig falsch eingeschätzt?
310. Wer würde am ehesten deine Fähigkeiten unterschätzen? Dein Potenzial?
311. In welcher Hinsicht hast du Schuldgefühle?

Was bereust du?

312. Was bedeutet »direkter Weg« und »Umweg« für dich?
313. Wann standest du vor der Entscheidung, welchen von zwei Wegen du einschlagen solltest?
314. Warst du auf deine Entscheidung stolz?
315. Welches Ereignis in der Vergangenheit sollte sich in der Zukunft auf gar keinen Fall wiederholen?
316. Worauf würdest du verzichten, um etwas zu kaufen, das du begehrst?
317. Was ist das für ein Artikel?
318. Welche Sache in deinem Leben ist absolut wesentlich, damit du dich ganz zufrieden fühlst?

Gibt es noch andere Dinge?

319. Beim Fehlen welcher Sache würde dein Selbstwertgefühl leiden?
Gibt es noch andere Dinge?
320. Was waren deine wichtigsten lebensdefinierenden Augenblicke?
321. Waren diese lebensdefinierenden Augenblicke schmerzhaft, euphorisch oder erhaben?
322. Wenn dir jemand ein persönliches Nummernschild schenken würde, welche Buchstaben/Zahlen wären für dein Leben am passendsten?
323. Wenn du dir von allem in der Welt etwas aussuchen könntest, was wäre das?
324. Was ist das Schlimmste, das du jemandem je angetan hast – körperlich, emotional, finanziell?
325. Wer macht dich nervös?
   a) Dein Chef
   b) Die Familie
   c) Dein Partner
   d) Die Polizei
   e) Etwas anderes (bitte näher bezeichnen)
326. Hast du schon mal irgendetwas oder jemanden gesehen und gedacht: O mein Gott, das oder diejenige/denjenigen will ich unbedingt haben – obwohl du weißt, dass es völlig irrational ist?
327. Wenn du als Geheimagent ermitteln müsstest, welche Identität würdest du dann wählen?
328. Welche Sache/Person hast du im letzten Jahr begehrt? Hast du sie bekommen?

329. Wann ist deine Stimmung auf dem Tiefpunkt? Wenn du:
   a) wütend bist
   b) mit Tieren zusammen bist (mit welchen?)
   c) mit Kindern zusammen bist
   d) mit deinen Eltern zusammen bist
   e) Auto fährst
   f) frierst
   g) das Gefühl hast, in der Defensive zu sein
   h) zornig bist
   i) dich fünf Kilo zu schwer fühlst
   j) Hunger hast
   k) gereizt bist
   l) schwitzt
   m) unter PMS leidest
   n) Beifahrer bist
   o) müde bist
   p) etwas anderes (bitte näher bezeichnen)
330. Was ist das Beste, das jemand für dich (und für sich selbst tun kann), wenn du zornig oder bedrückt bist? Sollte er …
   a) Festigkeit zeigen
   b) freundlich sein
   c) Geduld zeigen
   d) dich ignorieren
   e) dich bestätigen
   f) etwas anderes (bitte näher bezeichnen)
331. Wie viel Uhr ist es?
   Jetzt gerade?
   In deinem Leben?

332. Hast du schon mal ein wichtiges Meeting verpasst, weil du verschlafen hast?
Was hast du gemacht?
333. Hast du dir schon mal zwei Wecker gestellt?
334. Musstest du schon mal Mahngebühren zahlen für:
 a) Hypotheken/die Miete
 b) Ratenzahlungen fürs Auto
 c) Rechnungen/Kreditkarten
 d) ausgeliehene Bücher
 e) ausgeliehene Videos
335. Zu welchen Taten wärst du bereit, wenn du auf der Flucht wärst?
336. Hast du etwas schon mal schnell gemacht und dir hinterher gewünscht, dass du dir mehr Zeit hättest nehmen sollen?
337. Was ist deine Lieblingsjahreszeit?
338. Wie managst du deine Zeit?
339. Wenn heute der letzte Tag deines Lebens wäre, wie würdest du ihn verbringen?
340. Kommst du jemals zu spät?
Was zählt als zu spät?
341. Grenzt dein Rechtzeitigkommen an Zwanghaftigkeit?
Ist dein zu frühes Eintreffen chronisch?
342. Machen Termine dir Angst?
343. Hast du jemanden, mit dem du verabredet warst, schon mal warten lassen?
Wie lange?
344. Du musst einen Termin einhalten, bei dem deine Pünkt-

lichkeit für das Ergebnis wichtig ist. Welche der folgenden Möglichkeiten beschreibt dich am besten?

a) Du kannst den dir bekannten Weg nehmen, aber dann kommst du zehn Minuten zu spät.

b) Du wählst die »Abkürzung«, die dir jemand beschrieben hat, und hoffst, dass du rechtzeitig ankommst.

345. Erwartest du, dass du angerufen wirst, wenn sich jemand verspäten wird?
Behandelst du andere mit derselben Höflichkeit?
Kommst du immer die höfliche Viertelstunde zu spät?

346. Wie hoch ist dein Stundensatz?

347. Wo möchtest du im nächsten Jahr um diese Zeit sein?

348. Was war für dich die größte Zeitverschwendung?

Fragen zu Eigenarten/Geschmack/Lebensstil

349. Lebst du mit jemandem zusammen? Sind es deine Eltern?

350. Was wäre das größte Geschenk für dich?

a) Ein Koch, der bei dir zu Hause das Essen zubereitet

b) Dein Traumauto

c) Eine schlankere, straffere Figur

d) Die Weisheit des Sokrates

e) Multiple Orgasmen

f) Ein langes Leben

g) Finanzielle Unabhängigkeit

h) Etwas anderes (bitte näher bezeichnen)

351. Sprichst du schnell?

Elaine, 36

Santa Clara, Kalifornien – Director Public Relations

Wir planten schon unsere Hochzeit. Ich hatte unsere Reise nach Mexiko – unseren Zielort – organisiert. Meine Familie war richtig aufgeregt – schließlich waren Tim und ich schon ein Jahr zusammen. Und meine siebenjährige Tochter verstand sich großartig mit seinen beiden Söhnen, die 17 und 18 waren. Meine Familie freute sich, dass ich einen Polizeibeamten heiraten würde, einen verantwortungsbewussten, aufrechten Mann. Einen liebevollen Vater, der sich für mich und meine Tochter und unser Glück verantwortlich fühlte. Ein paar Wochen bevor wir nach Mexiko reisen wollten, gab es nur noch ein paar Einzelheiten zu klären. Ich hatte mein Kleid ausgewählt, und da ich keine errötende Braut war, die zum ersten Mal vor den Altar trat, hatte ich ein cremefarbenes Kleid mit hoher Taille gewählt, das nicht wie ein traditionelles Brautkleid aussah und meinem Alter (Mitte 30) besser entsprach. Für meine Tochter hatte ich ein einfaches Kleid gefunden, das meins gut ergänzte. Wir hatten mit dem Geistlichen in Mexiko abgesprochen, dass das Ehegelübde auf Englisch (für meine Freunde) und auf Spanisch (für unsere Familien) abgelegt werden sollte. Wir mussten nur noch eine Sache besorgen: unsere Heiratsurkunde.

Doch in Kalifornien ist die Polygamie ungesetzlich. Und Tims Scheidung, die, genau wie er gesagt hatte, vor über einem Jahr eingereicht worden war, war nie rechtskräftig geworden. Plötzlich sprachen wir nicht mehr über die Tortendekoration, sondern trafen uns mit Scheidungsanwälten und Finanzplanern – nicht um unsere Zukunft zu planen, sondern um festzustellen, wie sein Vermögen und seine Schulden aus der Vergangenheit aufgeteilt werden würden. Als der Hochzeitstermin immer näher rückte und die Scheidung immer noch nicht ausgesprochen war, fragte ich dummerweise, wann er eigentlich geplant hatte, sich scheiden zu lassen. Die Wahrheit war, dass er sich dafür nie einen Termin gesetzt hatte.

Tim war kein schlechter Mensch. Er war eher passiv-aggressiv und nicht wirklich böswillig, würde ich sagen. Aber statt den Hochzeitsstrauß in die Menge zu werfen, gab es bei uns Wutausbrüche. Schließlich war die Wahrheit in Hunderte von Scherben zerbrochen. Tim hatte sich nicht scheiden lassen, weil er seine Ehe noch nicht ganz aufgegeben hatte – weder emotional noch finanziell – da es zu viele Kopfschmerzen bereitet hätte, das Vermögen aufzuteilen. Als ich ihn verließ, sagte ich: »Wir scheinen zeitlich auf anderen Ebenen zu liegen, und deshalb gehe ich.«

Die Frage, die ich hätte stellen sollen, lautete:
Wann genau wird deine Scheidung rechtskräftig sein und nicht nur eingereicht?

352. Ärgerst du dich, wenn du jemanden in einer anderen Region anrufst und der Betreffende schnell spricht?
Oder langsam?
353. Magst du Eiskrem?
Welche ist deine Lieblingssorte?
354. Leckst du Eiskrem oder beißt du hinein?
355. Hast du schon mal Eiskrem zu Hause mit Steinsalz gemacht?
Mit wem zusammen hast du sie zubereitet?

356. Redest du mit den Händen?
357. Sind deine Gespräche mit »Füllworten« durchsetzt? Stört dich das?
358. Sprichst du mit vollem Mund?
359. Nimmst du Milchschnitten auseinander, bevor du sie isst?
360. Bestellst du etwas Neues, wenn du in ein Restaurant zurückkehrst, oder wählst du immer wieder dasselbe Gericht?
361. Wenn du in einem Viertel leben würdest, in dem die Nachbarn das ganze Jahr über das Haus weihnachtlich geschmückt haben oder wo der Rasen vor anderen Häusern nicht so ordentlich geschnitten ist wie bei dir, würde dich das ärgern?
362. Hast du dich schon mal mit deinen Nachbarn gestritten? Worüber?
     Wie hast du den Streit gelöst?
363. Bist du ein Anhänger von Fastfood?
364. Ziehst du zuerst die linke Socke an oder die rechte?
365. Schiebst du das Toilettenpapier und das Küchenpapier auf dieselbe Art und Weise auf den Halter?
     Befindet sich das Papierende vorne oder hinten?
366. Welches ist das aufgeräumteste Zimmer in deinem Haus? Und in deinem Leben?
367. Kannst du morgens das Haus verlassen, ohne das Bett gemacht zu haben?
368. Wie lange kannst du es hinauszögern …
     a) Wäsche zu waschen
     b) Geschirr zu spülen

c) das Haus zu putzen
d) das Auto zu waschen
e) den Hund zu baden
f) zu baden oder zu duschen
g) die Haare zu waschen

369. Magst du Katzen oder lieber Hunde?
Ist das schon seit deiner Kindheit so?
370. Welche Risiken gehst du im Leben ein?
371. Was würdest du *keinesfalls* beim Spiel einsetzen, egal, wie hoch der Gewinn ausfallen könnte?
372. Hast du schon mal Drogen genommen? Welche?
373. Wenn du eine Mautstelle passierst, hast du dann vorher eine Fahrzeugkarte besorgt?
Oder hältst du das passende Wechselgeld bereit?
Oder wartest du an der Mautstelle auf dein Wechselgeld?
374. Gedeihen Pflanzen unter deiner Pflege?
Was pflegst du noch?
375. Wenn du einen Garten anlegen würdest, was würdest du dann pflanzen?
Und wie würde es gedeihen?
376. Hast du dir schon mal irgendwas gebrochen?
377. Hast du schon einmal eine Nacht in der Notaufnahme verbracht? Weshalb?
378. Welche Reisen hast du unternommen?
379. Wie reist du?
380. Hast du Angst vor dem Fliegen?
381. Bevorzugst du auf Reisen einen Reiseführer, oder unternimmst du lieber Touren auf eigene Faust?

Francesca, 31

San Francisco, Kalifornien – Apothekerin

Rückblickend kann ich sagen, dass ich die Zeichen eigentlich hätte erkennen sollen. Aber wahrscheinlich weiß man hinterher immer alles besser. Vielleicht war ich auch einfach nur naiv – oder ich wollte glauben, dass ich jemanden mit ähnlichem Charakter gefunden hatte. Meine Freunde halten mich für eine Sportfanatikerin: Ich laufe bis zu 30 Kilometer pro Tag Rollschuh und das mehrmals pro Woche, und ich versuche mindestens einmal am Tag Yoga zu machen. Ich scheine also etwas zwanghaft veranlagt zu sein. Als ich Eric kennen lernte, schienen wir das ideale Paar zu sein. Ich rege mich nicht schnell auf, und er schien ähnlich veranlagt. Außerdem hatten wir an vielen Dingen gleich viel Spaß – Rollschuhlaufen, Yoga, Arthouse-Filme. Wir begehrten einander, obwohl wir nicht gleich miteinander intim waren. Wir redeten über unsere Vergangenheit, über unsere Kindheit. Wir sprachen über unsere Schulzeit. Nein, ich hatte nicht mit Drogen experimentiert. Er hatte Drogen probiert. Wir sprachen über das Marihuanarauchen. Heute kann ich darüber lächeln, aber bis dahin hatte ich einiges erlebt.

Ob er schon mal Marihuana geraucht habe, fragte ich. »Ja«, erwiderte er. »Hin und wieder – auch heute noch.« »Ach, wirklich?« »Ja, zur Entspannung«, erklärte er. Ich ließ das Thema fallen, und das war mein erster Fehler. Ich bin mir nicht einmal sicher, wie das Marihuanarauchen zu einem Streitpunkt wurde, aber ich erinnere mich daran, dass ich versuchte, mit ihm Gespräche zu führen und er nur halb bei der Sache zu sein schien. Als ich eines Tages zufällig einen seiner Freunde traf, sagte dieser, wie überrascht er sei, dass Eric und ich miteinander auskämen, ich mit meiner sauberen Lebensweise und Eric mit seinem Lebensstil. Das Herz sackte mir in die Hose. »Was meinst du damit?«, fragte ich. »Na, er ist doch immer stoned«, erwiderte sein Freund. »Aber das weißt du doch sicher.« Meine Augen müssen groß wie Untertassen gewesen sein, denn er fuhr fort: »Du wirst doch wissen, dass er ein Hascher ist.« »Er hat gesagt, dass er zur Entspannung Marihuana raucht«, brachte ich hervor. »Francesca, er raucht jeden Tag Haschisch. Er ist immer stoned, auch wenn er mit dir zusammen ist. Ich bezweifle, dass du ihn je im Normalzustand gesehen hast.« Ich fühlte mich wie ein naives Schulmädchen. Wie hatte ich Erics entspanntes Naturell irrtümlicherweise für ein natürliches Gegengewicht zu meinem halten können? Seins wurde auf chemischem Weg hervorgerufen. Ich hatte dummerweise angenommen, dass die Verwendung von Drogen zur Entspannung bedeutete, vielleicht Silvester und hin und wieder einmal Marihuana zu rauchen. Aber ich hatte nicht versucht, diesen Punkt näher zu klären, weil ich wahrscheinlich die Antwort nicht wissen wollte. Wir hatten so viel Spaß miteinander gehabt. Und ich hatte glauben wollen, dass wir die gleichen Interessen hatten – was ja auch zutraf – und ähnliche Wertvorstellungen, was nicht stimmte.

Wie lautete die Frage, die ich leider nicht gestellt habe?
Was genau bedeutet »Drogenverwendung zur Entspannung« für dich?

382. Du bist auf Reisen in den USA, und dein Rucksack, deine Brieftasche, die Kreditkarten, Bargeld und Pass werden gestohlen.

Wie reagierst du?

Was tust du?

383. Wie viele Stempel sind in deinem Reisepass?
384. Würdest du in einem anderen Land leben wollen? In welchem?
385. Welche Länder hast du schon besucht?
386. Welche haben dir am besten gefallen?

    Welche am wenigsten?
387. Kannst du in weniger als einer Stunde deinen Koffer packen?
388. Was musst du unbedingt einpacken, egal, wohin die Reise geht oder für wie lange?
389. Kannst du dich zu einem Galadiner in weniger als 30 Minuten fertig machen?
390. Hast du mehr Zeit mit deinem Therapeuten oder mit deinem Steuerberater verbracht?

    Mit wem von den beiden würdest du deine Zeit lieber verbringen?
391. Bei welchem Nahrungsmittel wirst du zum Vielfraß?
392. Wie viele Glas Wein brauchst du, bis du von Sinnen bist?

    Welches Gefühl hast du dabei?
393. Kannst du dich gut an Witze erinnern?

    Erzähl mir einen!
394. Magst du Kaugummi? Schluckst du ihn herunter?

    Aus Gewohnheit oder Bequemlichkeit?
395. Hast du dich schon einmal herausgeredet, als man dir einen Strafzettel geben wollte?
396. Hast du dich schon einmal in etwas hineingeredet?

397. Warst du schon einmal im Gefängnis in irgendeinem Land?
398. Was sind deine Hobbys?
399. Worin bestehen deine Süchte?
400. Worin bestehen deine Zwänge?
401. Was machst du abends, wenn du zu Bett gehst?
402. Wie lange liegst du abends im Bett, bevor du einschläfst?
403. Liest du, bevor du das Licht ausschaltest?
404. Kannst du bei brennendem Licht schlafen?
405. Wie dunkel muss es im Zimmer sein, damit du einschlafen kannst?
406. Wie lange liegst du morgens wach im Bett, bevor du aufstehst?
407. Trinkst du Kaffee?
408. Wie bereitest du Kaffee zu – mit einem Messlöffel oder nach Augenmaß?
 Welche Sorte trinkst du?
 Wie viele Tassen trinkst du pro Tag?
409. Bringst du morgens den Kaffee ans Bett?
 Magst du es, wenn dir dein Partner den Kaffee bringt?
 Wohin?
410. Bist du ein Morgenmensch oder eine Nachteule?
411. Bist du
 a) jemand, der rotes Fleisch isst?
 b) jemand, der kein rotes Fleisch isst?
 c) Vegetarier, der manchmal Fisch isst?
 d) normaler Vegetarier?
 e) Veganer?

412. Welche ist deine Lieblingssünde?
413. Bist du ordentlich oder unordentlich?
414. Kannst du ein Hemd so gut bügeln, wie man es in der Reinigung macht?
415. Hast du Angst vor dem Zahnarzt?
Hat der Zahnarzt Angst vor dir?
416. Macht es dir etwas aus, das Badezimmer mit jemandem zu teilen?
417. Leihst du einem anderen deine Zahnbürste?
418. Wie viele Paar Schuhe besitzt du?
Hast du mehrere Paar von einer bestimmten Sorte?
419. Bevorzugst du große Geburtstagsfeiern oder Geburtstage in trauter Zweisamkeit?
420. Wenn jemand an deinem Geburtstag eine Schnitzeljagd veranstalten würde, bei der du in der Stadt herumfahren und Hinweise sammeln müsstest, um dein Geschenk zu finden, fändest du das reizvoll oder ärgerlich?
421. Leidest du unter Aufmerksamkeitsstörungen?
Oder bist du einfach nur unordentlich?
422. Welcher ist dein Lieblingsstrand?
423. Liest du den Finanzteil der Zeitung?
Die Comic Strips?
Dein Horoskop?
Was liest du zuerst?
424. Hast du einen Plan für deinen Ruhestand?
425. Wo möchtest du im Ruhestand leben?
426. In welchem Alter möchtest du in den Ruhestand gehen?
427. Wodurch wird ein Haus zum Heim?

428. Wo fühlst du dich am meisten zu Hause?
429. Bevorzugst du ein Duschbad oder ein Bad in der Wanne?
430. Bevorzugst du die Küche oder das Schlafzimmer?
431. Wo sitzt du, wenn du Achterbahn fährst? Vorne? Hinten? Oder fährst du nie Achterbahn?
432. Kannst du beim Singen den Ton halten?
433. Singst du mit, wenn du einen Song hörst, der dir gefällt?
434. Kannst du pfeifen? Pfeifst du?
435. Wie viele Instrumente kannst du – wenn überhaupt – spielen?
436. Hast du Rhythmus?
437. Kannst du tanzen?
438. Welcher ist dein Lieblingstanz?
    a) Cha-Cha-Cha
    b) Tango
    c) Walzer
    d) Jitterbug
    e) Swing
    f) Twostepp
    g) Disko
    h) Etwas anderes (bitte näher bezeichnen)
439. Hast du jemals gehofft, einen Partner zu finden, der so mit dir tanzen könnte wie Fred Astaire mit Ginger Rogers?
440. Nach welcher Methode gehst du vor, wenn du etwas Neues lernst? Praktisch oder liest du darüber?
441. Kannst du einen technischen Plan lesen?
442. Kannst du Werkzeugmaschinen bedienen?
443. Welche Arbeit im Haushalt magst du am wenigsten?

444. Kannst du nähen? Nähst du gerne?
445. Kannst du kochen? Kochst du gerne?
446. Richtest du dich beim Kochen nach Rezepten oder folgst du deinem Instinkt?
447. Was bedeutet Natürlichkeit für dich?
448. Meinst du, dass es sich lohnt, organisch angepflanztes Gemüse ohne Konservierungsstoffe und Chemikalien zu kaufen?
449. Welche Nahrungsmittel verabscheust du?
450. Welche Nahrungsmittel isst du gerne?
451. Welches Nahrungsmittel musst du unbedingt haben?
452. Gehst du wegen eines einzigen Artikels ins Lebensmittelgeschäft?
453. Erstellst du eine Einkaufsliste, wenn du einkaufen gehst? Was steht immer darauf?
454. Auf welches Nahrungsmittel kannst du nicht verzichten?
455. Wie viele Kaviarsorten kannst du nennen?
456. Auf welches Nahrungsmittel könntest du ohne weiteres verzichten?
457. Stellst du Lebensmittel im Kühlschrank ordentlich auf? Und in Schränken?
458. Hast du immer einen Vorrat an Zahnpasta, Waschpulver, Seife, Zerealien im Haus – oder wartest du, bis dir diese Dinge ausgehen?
459. Du hast Obst und Gemüse eingekauft. Draußen ist es eiskalt, und die Tüte mit dem Obst rollt unters Auto.
   Holst du sie hervor oder schreibst du sie ab?
460. Bist du Organspender?

461. Hast du schon einmal etwas für eine Wohltätigkeitsorganisation gespendet?
Was hat dich dazu motiviert?
a) Die Möglichkeit, die Spende von der Steuer abzusetzen
b) Eine Aufräumaktion
c) Die Not eines anderen Menschen
462. Verlegst du Sachen?
463. Reagierst du gereizt gegenüber Menschen, die Dinge verlegen?
464. Kannst du eine französische Speisekarte lesen?
465. Es regnet, und du rennst zum Parkplatz, wo du feststellst, dass du deine Schlüssel im Wagen eingeschlossen hast. Was nun?
a) Du löst das Problem selbst.
b) Du rufst jemanden an, um dir helfen zu lassen.
466. Wie entspannst du dich nach der Arbeit?
467. Folgst du Trends? Oder bist du ein Trendsetter?
468. Hast du ein Handy?
Ist es unverzichtbar?
Wohin nimmst du es mit?
Schaltest du es jemals aus?
Schaltest du es an Orten aus, wo Anrufe unerwünscht sind, beispielsweise im Kino?
Verwendest du es beim Autofahren?
Wen hast du in dein Handy-Telefonbuch eingetragen?
469. Benutzt du eine Straßenkarte oder hältst du an und fragst nach dem Weg?
470. Bückst du dich, um herumliegenden Abfall aufzuheben?

471. Machst du Photos von deinen Erlebnissen, und bewahrst du sie auf?
Rahmst du sie ein?
Wo stellst du sie zur Schau?
472. Wenn du keine Fotos machst, wie zeichnest du deine Erlebnisse dann auf?
473. Welche Erlebnisse behältst du für dich?
Warum?
474. Hättest du lieber ein schönes Auto, ein schönes Haus oder schöne Kleidung?
475. Warst du schon einmal an einem Autounfall beteiligt?
Warst du an dem Unfall schuld?
Gab es Verletzungen?
Bei wem?
476. Bist du schon einmal betrunken am Steuer erwischt worden?
477. Hast du schon einmal einen Strafzettel für zu schnelles Fahren bekommen?
478. Telefonierst du gern?
Oder schreibst du lieber Briefe?
Oder bevorzugst du E-Mail?
479. Hast du Zugang zum Internet?
480. Was machst du online?
a) E-Mail
b) Banking
c) Lebensmitteleinkäufe
d) Rechnungen bezahlen
e) Flugtickets kaufen

f) Recherchieren
g) Nach einem geeigneten Liebespartner/Seelenpartner suchen
h) Pornografische Websites anschauen
i) Etwas anderes (bitte näher bezeichnen)

481. Sind Ferngespräche unverzichtbar? Sind Informationen ein Luxus?
482. Mit wem führst du Ferngespräche?
483. Gibst du im Restaurant Trinkgelder von 20 Prozent? Mehr oder weniger?
484. Definierst du deine Persönlichkeit über deinen Beruf? Wenn nicht, wodurch definierst du dich?
485. Bewahrst du Zeitschriften- und/oder Zeitungsartikel auf, um sie später zu lesen?
486. Welche Temperatur hat deine Wohnung im Sommer? Im Winter?
487. Wenn dich jemand an einem beliebigen Tag unangemeldet besuchen würde, wie würde er deine Wohnung vorfinden? Wie würden deine Schränke aussehen?
488. Wie lange dauert es, bis du etwas findest, nach dem du suchst?
489. Wie wichtig ist der Raum um dich herum jetzt für dich?
490. Was tust du mit deinem Raum?
491. Bevorzugst du eine Kopf-, eine Fuß- oder eine Ganzkörpermassage?
492. Wie sähe dein idealer arbeitsfreier Tag aus?
493. Hast du schon einmal vor der Haustür gestanden und verzweifelt versucht, den Schlüssel ins Schlüsselloch zu ste-

cken, während du von einem Fuß auf den anderen getreten bist, weil du nötig aufs Klo musstest?

494. Hat dich das zur Verzweiflung gebracht?
495. Bist du ein Mensch, der nach dem Terminkalender lebt, oder bist du eher spontan?
     Ist das mit allen Dingen so?
     Oder nur während des Urlaubs?
     Und in Bezug auf deine Ernährung?
496. Was isst du als Letztes, bevor du zu Bett gehst?
497. Bezeichnest du die letzte Mahlzeit des Tages als Abendbrot oder Abendessen?
498. Glaubst du an unser politisches Rechtssystem?
499. Gehst du immer zur Wahl?
     Auch zu Gemeindewahlen?
500. Würdest du dich jemals für ein politisches Amt zur Wahl stellen?
501. Befürwortest du Abtreibungen?
502. Befürwortest du die Todesstrafe?
503. Sollten schwule Paare ein Recht auf medizinische Versorgung haben?
504. Sollten schwule Paare das Recht haben, Kinder zu adoptieren?
505. Was hältst du von normalen Schulen bzw. Internaten?
506. Hast du jemals Nachhilfeunterricht erhalten?
     In welchem Fach?
     Hast du das Fach jemals gemeistert?
507. Wie möchtest du unterrichtet werden?
508. Bist du ein besserer Lehrer oder ein besserer Schüler?

509. Was tust du als Erstes, wenn du von der Arbeit nach Hause kommst?
510. Was ist das Letzte, das du vor dem Einschlafen tust?
511. Was tust du jeden Tag mit religiösem Eifer? Jede Woche? Jedes Jahr?
512. Welche Gewohnheit konntest du ändern?
Wie lange hast du dazu gebraucht?
Wie hast du es geschafft?
513. Hast du einen Terminkalender?
Schreibst du mit Kugelschreiber oder Bleistift?
Hast du einen Organizer?
514. Kannst du bei Musik arbeiten?
515. Nach welchen Fernsehsendungen bist/warst du süchtig?
516. Welchen materiellen Besitz hast du, auf den du wirklich stolz bist?
517. Bist du lieber Fahrer oder Beifahrer?
518. Kannst du als Beifahrer im Auto den Mund halten?
519. Gibst du Richtungsanweisungen, und korrigierst du das Fahrverhalten des Fahrers?
Gilt dies auch für andere Dinge in deinem Leben?
520. Lässt du es zu, dass ein anderer deinen Wagen fährt?
521. Legst du im Auto den Sicherheitsgurt an? Immer?
Forderst du Mitfahrer auf, ihren Sicherheitsgurt anzulegen?
522. Wie weit kannst du mit deinem Wagen fahren, wenn die Tankanzeige leer anzeigt?
Tust du es überhaupt?
523. Hast du schon einmal ein Elektrowerkzeug am Eigentum oder an der Person eines ehemaligen Partners eingesetzt?

Wolltest du damit helfen?
Wolltest du dich damit rächen?

524. Was ist dein liebstes batteriebetriebenes Werkzeug?
525. Was bedeutet »guter Jahrgang« für dich?
526. Besitzt du irgendetwas, das ein guter Jahrgang ist?
     Würdest du es durch etwas Neueres ersetzen wollen?
527. Wenn du Professor wärst, in welcher akademischen Disziplin würdest du Großes leisten?
528. Wenn ich dein Student wäre, wie würdest du mich motivieren, meine persönliche Bestleistung zu zeigen?
     Was wäre meine erste Hausaufgabe?
     Was könnte ich tun, um zusätzliche Punkte zu erhalten?
     Wie könnte ich dein Lieblingsstudent werden?
     Könnte ich dich dazu verführen, eine Affäre mit mir zu haben?
529. Würdest du dann die ganze Zeit die Lehrerrolle spielen?
530. Liest du die Zeitung?
     Wie oft?
     Wonach suchst du?
     Welche Zeitung(en) liest du regelmäßig?
     Warum?
531. Siehst du dir die Nachrichten im Fernsehen an?
     Welche Sender?
532. Was hältst du von der populistischen Effekthascherei der Nachrichten?
     Würdest du lieber die ganze Geschichte sehen?
533. Glaubst du alles, was du in den Medien siehst und hörst?
     Wenn nicht, wo erfährst du die Wahrheit?

Fragen zu Körperbetätigung/Gesundheit/Sport

534. Wie würdest du deinen Gesundheitszustand beschreiben?
    a) Ausgezeichnet
    b) Gut
    c) Mäßig bis mittelmäßig
    d) Katastrophal
535. Wie ist deine körperliche Verfassung?
    a) Ausgezeichnet
    b) Gut
    c) Mäßig bis mittelmäßig
    d) Katastrophal
536. Kannst du laufen und dabei Kaugummi kauen?
537. Bist du schon einmal auf einen Nagel getreten? Wenn ja – hast du dich selbst behandelt oder hast du dich in medizinische Behandlung begeben?
538. Hast du dir schon mal etwas gebrochen? Wie? Welche Knochen?
539. Bist du schon mal gejoggt, um wieder in Form zu kommen? Hat das funktioniert?
540. Läufst du, um dich fit zu halten? Wie oft? Wie weit?
541. Wie schnell kannst du 1,5 Kilometer rennen?
542. Wie schnell kannst du drei Stockwerke hinaufrennen? Bist du dann außer Atem?
543. Würde dir Drachenfliegen im Grand Canyon Angst einjagen oder Spaß machen?
544. Bist du zurückhaltend oder draufgängerisch?

545. Wie alt wirst du werden?
546. Schaffst du beim Basketball einen Drei-Punkte-Wurf?
547. Würdest du dich zu einem dreitägigen Überlebenskurs anmelden, für den du nichts mitbringen dürftest und wo du jeden Tag mehr als 30 Kilometer laufen müsstest?
548. Auf welches Abenteuer bist du am meisten aus?
549. Weißt du, wie man ein Pferd sattelt?
     Wie heißt der Teil des Zaumzeugs im Maul des Pferdes?
550. Wie lange kannst du den Atem anhalten?
551. Kannst du schwimmen?
     Gehst du gerne schwimmen?
552. Was ist für dich in körperlicher Hinsicht das Anstrengendste, dem du dich jemals unterworfen hast?
     Würdest du es wieder tun?
553. Wie viel Kilogramm hast du zugenommen, seit du die Schule verlassen hast?
     Wo haben sie sich angesammelt?
     Würdest du etwas dafür tun, um sie wieder loszuwerden?
554. Hast du seit deiner Schulzeit Gewicht verloren?
     Wie viel?
555. Welchen Sport bewunderst du, würdest aber nicht versuchen, ihn zu meistern?
556. Bei welchem Sport schläfst du ein?
557. Wie weit kannst du dich nach vorne bücken?
     Kannst du deine Zehen berühren?
558. Kannst du andere Leute antreiben?
559. Ist dein Hintern größer, als er sein sollte?
560. Wenn du auf Reisen bist, gehst du dann ins Fitnessstudio?

561. Wie wichtig ist dir deine Gesundheit?
Was tust du für ein langes Leben?
562. Wie lange wirst du deiner Meinung nach leben?
563. Wie lange haben deine Großeltern gelebt?
564. Worauf würdest du nicht verzichten, um länger zu leben?
565. Hältst du Diät? Fastest du?
566. Benutzt du Zahnseide oder einen Zahnstocher?
567. Sind Nickerchen nur etwas für furchtsame Menschen?
568. Wie viel Schlaf brauchst du, um hoch produktiv zu sein?
569. Würdest du dich als körperlich hyperaktiven oder eher geruhsamen Menschen beschreiben?
570. Wie würde ein sehr aktiver Tag am Wochenende aussehen? Ein Durchschnittstag?
571. Warst du schon einmal nach irgendetwas süchtig?
Schokolade ausgenommen!
572. Hast du immer noch mit Süchten zu kämpfen?
Was unternimmst du dagegen?
573. Glaubst du, dass Menschen, die zum Psychoanalytiker gehen, schwach sind? Falls ja – warum?
574. Wie ist es um deine mentale/emotionale Gesundheit bestellt?
575. Bist du schon mal beim Psychoanalytiker gewesen?
Warum? Hat er dir helfen können?
576. Wie misst du den Erfolg oder Misserfolg einer Therapie?
577. Glaubst du an Hypnose?
Wurdest du schon einmal hypnotisiert?
Zu welchem Zweck?
578. Glaubst du an Akupunktur?

Falls ja, hast du sie schon einmal genutzt? Zu welchem Zweck?

579. Welches ist deine beste Sportart?
580. Welchen Sport betreibst du?
    a) Ski fahren
    b) Surfen
    c) Rollerblade fahren
    d) Golf
    e) Schnorcheln
    f) Tauchen
    g) Fallschirmspringen
    h) Etwas anderes? (Bitte näher bezeichnen)
581. Treibst du einen Sport, für den eine Ausrüstung oder athletische Finesse erforderlich ist?
    Wie gut bist du?
582. Leidest du unter Klaustrophobie?
    Hast du Angst vor Höhen?
    Hast du irgendwelche Ängste/Phobien?
583. Worauf bist du allergisch?
    Wie wirkt es sich auf deinen Körper aus?
    Ist es eine lebensbedrohliche Allergie?
584. Wenn jemand dich auffordern würde, eine Droge zu nehmen, die keine anhaltende Wirkung hat, keinen vorübergehenden oder permanenten Schaden anrichten würde, niemand davon erfahren würde und dich diese Droge in einen wunderbaren, noch nie erlebten Zustand versetzen würde, würdest du sie dann nehmen?
585. Wie gelangst du auf natürliche Weise in diesen Zustand?

586. Hast du schon mal beim Laufen ein Hochgefühl erlebt? Ein athletisches Hochgefühl im Sport?
587. Wann warst du in deinem Leben am verzweifeltsten? Wie hast du den Weg in deine »normale« Verfassung wiedergefunden?
588. Wodurch zeichnet sich deine normale Verfassung aus?

Fragen zur Kindheit

589. Hast du dich als Kind geliebt und akzeptiert gefühlt?
590. Wurdest du gestillt oder mit der Flasche ernährt? Wie lange?
591. Was ist deine schönste Kindheitserinnerung?
592. Welche Kindheitserinnerung macht dich immer noch traurig?
593. Bei welcher Kindheitserinnerung musst du lächeln?
594. Wo hast du deine Kindheit verbracht? Würdest du gerne dorthin zurückkehren?
595. Bist du als Kind schon mal von zu Hause weggelaufen? Warum? Wohin?
596. Wo hast du die erste Klasse besucht? Wie hieß dein Lehrer?
597. Warst du besser in Mathe oder in Deutsch?
598. Hattest du als Kind Haustiere? Was waren das für Tiere? Wie hießen sie?
599. Bist du als Kind ins Zeltlager gefahren? In was für eins?

600. Haben sich deine Mitschüler über dich lustig gemacht?
Warum?
Bist du darüber hinweggekommen?

601. Hast du als Kind eine Zahnspange getragen?

602. Wie hast du herausgefunden, dass es kein Christkind gibt?
Glaubst du noch immer an das Christkind?

603. Was war dein Lieblingsspielzeug als Kind?

604. Was ist dein Lieblingsspielzeug als Erwachsener?

605. Was hast du dir als Kind immer gewünscht, aber deine Eltern haben es dir nicht gekauft?
Hast du es später für dich selbst gekauft?

606. Wurdest du in der Schule schon einmal zum Direktor geschickt?

607. Warst du als Kind im Siegerteam, wenn ihr Tauziehen gespielt habt?

608. Welche Sache hat dich in der Schule beständig in Schwierigkeiten gebracht?
Gegenüber deinen Lehrern?
Deinen Eltern?
Deinen Klassenkameraden?

609. Welches war das wertvollste Fach in der weiterführenden Schule? An der Uni?

610. Wo bist du zur Schule gegangen?
Wünschst du dir, du wärst woanders zur Schule gegangen?

611. Hattest du jemals Freunde, die nur in deiner Fantasie existierten?
Weißt du noch, wann du sie aus deinem Leben verbannt hast?

612. Hast du einen Universitätsabschluss? Welchen?
613. Hast du als Kind nach der Ganzheitsmethode gelernt?
614. Welche Aufgaben musstest du als Kind im Haushalt übernehmen?
615. Wie kam dir das später als Erwachsener zugute?
Trägst du immer noch Verantwortung?
616. Warst du als Kind »beliebt«?
617. Bist du als Erwachsener »beliebt«?
618. Wurdest du früher als Erster oder als Letzter für das Völkerballteam ausgewählt?
619. Wie wurdest du als Kind bestraft?
Wirkte es?
620. Hattest du als Kind nachts ein Nachtlicht an?
Brauchst du jetzt, da du erwachsen bist, etwas Ähnliches?
621. Welcher Generation gehörst du an?
622. In welchem Bundesland wurdest du geboren?
Wie sieht das Wappen deines Bundeslandes aus?
623. Hattest du als Kind ein eigenes Zimmer?
Hast du jetzt auch ein eigenes Zimmer?
624. Welches Nahrungsmittel durftest du als Kind auf Anweisung deiner Mutter nicht essen?
Hast du immer noch Hunger darauf? Isst du es jetzt?
625. Was hat dir deine Mutter zu essen gegeben, wenn du besonders lieb warst?
Hast du immer noch Hunger darauf? Isst du es jetzt?
626. Was war dein liebstes Karnevalskostüm als Kind?
Wurde es gekauft oder war es selbst gemacht?
Von wem?

627. Was ist dein liebstes Karnevalskostüm als Erwachsener?
628. Kannst du Fahrrad fahren?
629. Mit wie viel Jahren hast du das Fahrradfahren gelernt? Wer hat es dir beigebracht?
630. Hattest du einen Babysitter oder eine Kinderfrau? Mochtest du sie?
631. Warst du schon einmal in einen Lehrer verliebt?
Wenn ja, in welcher Klasse? Warum?
632. Hattest du einen Lehrer, der dich besonders inspiriert hat?
633. Hat er deine Größe erkannt, bevor du sie selbst erkannt hast, und wer hat dir das gesagt?
Hast du noch heute Kontakt zu dieser Person?
634. Welches war dein Lieblingsspiel in deiner Kindheit? Warum?
635. Welches war deine Lieblingsgeschichte in deiner Kindheit? Warum?
636. Was für Musik haben sich deine Eltern angehört?
Hörst du sie dir noch an?
Welche Gefühle hast du dann?
637. Bei welchem Lied aus deiner Kindheit oder Jugend wird dir heute warm ums Herz? Warum?
638. Hast du als Kind Cowboys und Indianer gespielt?
Warst du der Cowboy oder der Indianer?
Hast du Tarzan und Jane gespielt?
Warst du Tarzan oder Jane?
639. Was wolltest du als Kind werden?
Hast du es verwirklicht?
640. Welcher Geruch erinnert dich an deine Kindheit?

641. Bei welchem Initiationsritual hast du die Unschuld deiner Kindheit verloren? Mit wem?
Weißt du, wo der/die Betreffende jetzt lebt?
Wenn du es noch einmal tun könntest, würdest du es genauso machen?

Fragen zur Familie

642. Leben deine Eltern noch?
Und deine Großeltern?
643. Sind/waren deine Eltern Seelenpartner?
Und deine Großeltern?
644. Halten deine Eltern noch immer Händchen?
645. Küssen Sie sich vor den Kindern, und zeigen sie ihre Zuneigung?
646. Wie oft sprichst du mit deinen Eltern?
Deinen Großeltern?
647. Bist du Vater/Mutter?
Tante/Onkel?
Cousin/Kusine?
Patin/Pate?
Großvater/Großmutter?
648. Wer war als Kind dein liebster Verwandter? Warum?
649. Welche Eigenschaften deiner Eltern hast du übernommen, die du zu schätzen weißt? Welche verabscheust du?
650. Hast du Geschwister?
Wie viele?

Mit welchem deiner Geschwister kommst du am wenigsten aus?
Welches deiner Geschwister respektierst du am meisten?

651. An welcher Stelle stehst du in der Geschwisterhierarchie? Bist du der Älteste? Der Jüngste? Der Mittlere?
652. Findest du, deine Eltern haben bei deiner Erziehung gute Arbeit geleistet? Warum?
653. Was haben deine Eltern an deiner Vergangenheit kritisiert? Und ärgert dich das noch?
654. Kritisieren deine Eltern dich als Erwachsenen auch? Wenn ja, weshalb?
655. Welche Ereignisse/Handlungen haben deine familiären Beziehungen jemals belastet?
656. Ähnelst du eher deiner Mutter oder deinem Vater?
657. Wem würdest du lieber ähneln? Warum?
658. War deine Mutter fürsorglich?
659. Wünschst du dir Kinder? Warum?
660. Hast du Angst davor, Vater oder Mutter zu werden? Hast du Angst, dass du einen Fehler machen könntest? Welche ist deine größte Angst vor der Elternschaft?
661. Was ist die wichtigste Erkenntnis, die du deinen Kindern vermitteln möchtest?
662. Welche drei Wünsche hast du für deine Kinder?
663. Wie möchtest du als Elternteil sein?
664. Wie viel Zeit kannst du für die Kindererziehung aufwenden?
665. Möchtest du lieber zu Hause für die Familie sorgen oder der Geldverdiener sein?

Jeffrey, 39

Los Angeles, Kalifornien – Regisseur, Schauspieler

Ich war in eine Schauspielerin verliebt. Ja, ich weiß – ich hätte die Liaison nicht weiterverfolgen sollen. Aber nicht nur mein Egoismus war das Problem dabei, sondern viele Faktoren haben letztendlich zu meinem Herzeleid beigetragen. Es ist einfach für mich, die Frage zu nennen, die ich hätte stellen sollen, aber nicht gestellt habe, weil ich »verblendet« war.
Ich habe diese wesentliche Frage nie gestellt, weil es für mich offensichtlich war. War das nicht der Grund, warum wir zusammen waren, tollen Sex erlebten und uns ständig unsere Liebe erklärten? Genau das ist es doch, was passieren soll, oder? Aber so einfach war es nicht. Meine Freundin liebte mich, aber sie hatte wahnsinnige Angst vor einer Bindung, sie fürchtete sich davor, wirklich erwachsen zu werden, und sorgte sich, dass sie wie ihre Mutter enden würde, die eine wunderbare typische Hausfrau war. Sie verließ mich mehrmals, spielte über mehrere Jahre immer wieder mal eine Rolle in meinem Leben, bis ich sie schließlich bat, mich nicht mehr anzurufen. Sicher kennen Sie die Zeile aus »Schlaflos in Seattle«: »Eine Weile ging es mir perfekt …«

Hier also meine Frage, die ich hätte stellen sollen, als ich das Gefühl hatte, es könnte ernst mit uns werden:
Wann bist du zu einer Bindung bereit, die schließlich zu einer Heirat und Kindern führen könnte?

666. Welches ist die beste Eigenschaft, die deine Mutter dich gelehrt hat?
Dein Vater?

667. Würdest du deine Familie als teuflisch oder heilig bezeichnen?
668. Was ist dein emotionales Heilmittel für ein krankes/trauriges/wütendes Kind?
669. Hast du dich den Wünschen deiner Eltern jemals widersetzt?
670. Hast du die Erwartungen deiner Eltern erfüllt? Deine eigenen?
671. Wie hat sich die Rolle der Frau seit deiner Kindheit verändert?
     Und die Rolle des Mannes?
672. Welche Art von Ehe gefällt dir am besten?
     a) Die traditionelle
     b) Die egalitäre
     c) Die offene
     d) Eine andere (bitte näher bezeichnen)
673. Welche Pflichten im Haushalt würdest du gerne selbst übernehmen?
674. Welche Haushaltspflichten würdest du deinem Partner übertragen wollen?
675. Was sollte ein anderer übernehmen, während du nur eine Sache auswählen dürftest?
676. Was wäre tragischer für dich – ein Kind oder einen Ehepartner zu verlieren?
677. Bis zu welchem Alter würdest du noch Kinder bekommen wollen?
678. Wenn du das Geschlecht deines Kindes vorher erfahren könntest, würdest du es wissen wollen?

679. Was ist dein Vermächtnis?
680. Welche Familientraditionen liebst du, sodass du sie selbst gerne übernehmen würdest?
681. Welche würdest du lieber vergessen?
682. Welches Erlebnis mit deiner Großmutter bringt dich zum Lachen, wenn du daran zurückdenkst?
Und mit deinem Großvater?
683. Wie hast du deine Großmutter genannt?
Und deinen Großvater?
684. Hast du deine Eltern jemals bei ihrem Vornamen gerufen?
685. Worüber wurde in deiner Familie gestritten?
686. Was haben deine Eltern getan, damit du mit anderen ausgekommen bist? Was hast du daraus gelernt?
687. Wie viel Kontakt brauchst du mit deinen Eltern, um dich mit ihnen verbunden zu fühlen?
688. Haben sich deine Eltern vor den Kindern gestritten?
689. Bist du als Kind mit deinen Eltern in Urlaub gefahren?
Wohin?
690. Wenn du mit deiner Familie unterwegs warst, wie seid ihr gereist?
    a) Im Auto
    b) Mit dem Bus
    c) Mit dem Zug
    d) Mit dem Flugzeug
    e) Per Schiff
    f) Etwas anderes (bitte näher bezeichnen)
691. Mit welchem Adjektiv würden dich Familienmitglieder in erster Linie beschreiben?

692. Was haben deine Eltern in ihrer Ehe deiner Meinung nach richtig/gut gemacht?
War es spezifisch für ihre Situation/Persönlichkeit, oder würdest du es auch so machen wollen?
693. Hattest du/deine Partnerin jemals eine Abtreibung?
Unter welchen Umständen?
Wie hast du dich dabei gefühlt?
694. Was würdest du tun, wenn du/deine Partnerin schwanger wärst/wäre und durch eine Amniozentese eine Missbildung diagnostiziert würde?
695. Würdest du ein Kind adoptieren?
Unter welchen Umständen?
Ein Kind anderer Rasse?
Ein behindertes Kind?
696. Wie würdest du reagieren, wenn dein Kind verkünden würde, dass es schwul ist?
697. Welches Familienmitglied magst du am wenigsten?
698. Wie sieht deine Beziehung zu deinen Eltern aus?
699. Ist dein Vater oder deine Mutter dein bester Freund/deine beste Freundin?
Oder Vertraute(r)?
700. Was würdest du an eurer Beziehung ändern wollen?
701. Wenn du an deinen Eltern etwas ändern könntest, was wäre das?
702. Über welche bewundernswerten Eigenschaften verfügen deine Eltern?
703. Welche Anforderungen sollten wir erfüllen, bevor wir heiraten? Oder Kinder bekommen?

704. Welches Familienmitglied magst du am wenigsten?
705. Wie ziehst du ein gesundes, glückliches, selbstbewusstes Kind heran?
706. Findest du es richtig, Kinder nach leblosen Objekten zu benennen wie Moonbeam Zappa und River Phoenix?
707. Würdest du ein Kind nach einem berühmten Sportler, einem Rockstar oder einer anderen Berühmtheit benennen?
708. Gibt es in deiner Bekanntschaft irgendeine Ehe, die du bewunderst? Warum?

Fragen zum Sex

709. Wie wurdest du sexuell aufgeklärt? Über die Liebe?
710. Warst du jemals verheiratet? Bist du geschieden?
711. Hast du uneheliche Kinder?
712. Schaust du dem anderen in die Augen, wenn ihr euch liebt?
713. Was nimmt dir den Atem?
714. Welches Geschenk kannst du deinem Seelenpartner machen, das du noch keinem anderen gemacht hast?
715. Verlierst du dich, wenn du eine Beziehung eingehst?
716. Ist Monogamie eine Notwendigkeit für dich?
717. Welche Umstände haben dich dazu bewogen, Verrat an der Monogamie zu begehen, oder welche würden dich dazu bewegen?
718. Wie definierst du Untreue?
719. Hast du einen Liebespartner schon einmal betrogen?

720. Wie sieht die ideale Beziehung für dich aus?
721. Wie definierst du Liebe?
722. Wie zeigst du Liebe?
723. Welche Kompromisse und Opfer bist du bereit, im Namen der Liebe einzugehen und zu bringen?
724. Was ist dein Lieblingskuss?
725. Wenn du dir nur einen Kuss von deinem Liebespartner wünschen könntest, wo sollte er platziert werden?
726. Zu welcher Tageszeit schläfst du am liebsten mit deinem Partner?
727. Wie oft pro Woche würdest du am liebsten mit einem Partner schlafen?
728. Welchen Teil deines Körpers magst du am wenigsten?
729. Wo möchtest du am liebsten berührt werden und wie?
730. Brennt das Licht, wenn du mit deinem Partner schläfst?
731. Hast du jemals »Ich liebe dich« gesagt, weil du dachtest, der andere erwartet es?
732. Hast du dieses gewisse Gefühl, wenn dein Liebespartner zur Tür hereinkommt?
733. Machen dir Knobeleien Spaß, oder findest du sie ärgerlich?
734. Glaubst du, dass sich Menschen mit Gegensätzen anziehen, oder glaubst du, dass sie sich gegenseitig zum Wahnsinn treiben?
735. Hast du im Bett eine Lieblingsseite?
736. Musst du das Bett mit Beschlag belegen?
737. Schläfst du gerne in der Löffelposition?
738. Worin schläfst du?

a) In Reizwäsche
b) Im Schlafanzug
c) Im T-Shirt
d) Nackt

739. Wenn dein Partner dir Reizwäsche kaufen würde, die du im Bett anziehen sollst, welche wäre das?
740. Welche Gutenachtgeschichte würdest du mir erzählen? Wäre es ein Tatsachenbericht oder etwas Erfundenes?
741. Wenn dir jemand sagen könnte, wen du heiraten wirst, würdest du es wissen wollen?
742. Wenn ich in die Zukunft blicken könnte und dir sagen würde, dass du niemals heiraten wirst, was würdest du dann sagen?
743. Hast du dich schon einmal in einen Menschen anderer Rasse verliebt?
Wenn nicht, warum nicht?
Falls ja, würdest du die Beziehung weiter pflegen/hast du die Beziehung weiter gepflegt?
744. Glaubst du, dass eine ähnliche Herkunft und Ausbildung Voraussetzung für eine kompatible Beziehung ist?
745. Wann ist das Ende der Dating-Zeit und der Anfang der Eingewöhnungszeit gekommen?
746. Was magst du besonders, wenn du dich mit einem Menschen zu den ersten Verabredungen triffst?
747. Was gefällt dir beim Kennenlernen eines neuen Menschen am wenigsten?
748. Was findest du an einem anderen Menschen verführerisch?

749. Hat schon mal jemand mit dir geflirtet und du hast nicht reagiert, was dir hinterher Leid getan hat?
750. Wie flirtest du?
751. Flirtest du mit deinem Partner? Wie?
In einer Gruppe oder in der Öffentlichkeit?
Wenn nur ihr beide zusammen seid?
752. Bist du beleidigt, wenn der andere bei einer Verabredung anbietet, für das Essen zu bezahlen?
Oder bist du beleidigt, wenn er es nicht tut?
753. Was hältst du von einer Rollenumkehrung in einer Beziehung? In einer Ehe?
754. Wer ist für den ersten Schritt verantwortlich? Und wohin sollte dieser Schritt führen?
755. Woher weißt du, dass es an der Zeit ist, eine sexuelle Beziehung einzugehen?
756. Wie oft warst du schon verliebt? Wer waren deine Partner?
757. Welche Bedeutung hat es für dein Leben, wie oft du verliebt warst?
758. Weißt du, wo die Menschen, in die du verliebt warst, jetzt sind?
759. Wer hat bei deiner letzten Trennung Schluss gemacht? Warum?
760. Was hast du aus früheren Beziehungen gelernt?
761. Bei welcher Beziehung ist es dir besonders schwer gefallen, über die Trennung hinwegzukommen?
762. Was tust du nach einer Trennung?
    a) Du vergräbst dich in Arbeit
    b) Du ziehst dich zurück

Susan, 34

Pennsylvania – Schweißerin

Vor etwa sechs Monaten wurde ich einem Mann vorgestellt, der seit zwei Jahren geschieden und Vater eines zehnjährigen Jungen ist. Er hatte sich bei einem sehr guten Freund von mir erkundigt, ob er nicht ein paar nette Mädels kenne. Mein Freund dachte sofort an mich, weil ich schon seit sieben Jahren keine Beziehung mehr gehabt hatte. Keinen Sex, keine Verabredungen – nichts. Ich hatte irgendwie das Gefühl, dass alle Männer Dummköpfe seien und konzentrierte mich ganz auf meine Arbeit. Doch dieser Mann schien perfekt. Er erzählte diese tränenreiche Geschichte, und alle waren der Meinung, dass seine Frau abscheulich war, weil sie fremdgegangen war, wo er doch ein so netter Kerl war.

Wir trafen uns öfter und schienen sehr viel gemein zu haben. Es versprach, eine wunderbare Freundschaft zu werden (so, wie eine Beziehung meiner Meinung nach beginnen sollte). Mit seinem Sohn und seiner Familie kam ich gut aus. Dann stellte ich fest, dass es mir schwer fiel, ihn zu lesen. Er schien mich zu mögen, aber ich war mir nicht sicher. Eines Nachts wollte er mit mir schlafen, als er betrunken war, aber ich lehnte ab, weil ich der Meinung bin, dass es ein Fehler ist, mit einem Betrunkenen zu schlafen. Er entschuldigte sich schnell, weil er sich blöd vorkam. Ich vergab ihm, aber dann machte er lange Zeit keine Annäherungsversuche mehr. Ich beriet mich mit meinem Freund, der uns zusammengebracht hatte, und er versicherte mir, dass mein Freund einfach nur schüchtern sei und ich den ersten Schritt tun müsse.

Schließlich nahm ich meinen Mut zusammen, aber er redete einfach nur davon, dass er keine ernste Beziehung wolle. Er war immer noch tief verletzt wegen der Dinge, die seine Frau ihm angetan hatte. Er wollte nicht wieder benutzt werden. Wenn wir irgendetwas anfangen würden, wäre es rein sexuell. Schon da hätte ich es besser wissen müssen. Aber als neugeborene Jungfrau (nach sieben Jahren ohne Sex) gab ich nach, und wir hatten oralen Sex an diesem Abend. Er schwor, dass er gesund sei und seit seiner Scheidung vor zwei Jahren mit niemandem zusammen gewesen sei und so weiter und so fort.
Als wir uns das nächste Mal trafen, war er etwas betrunken, und es gab ein paar neue Informationen. Er fragte, ob ich Lust hätte, und dann ließ er die Katze aus dem Sack und sagte, dass er hin und wieder mit seiner Exfrau schlafe, »aber das letzte Mal ist schon eine Weile her«. Ich war am Boden zerstört. Einerseits erzählte er allen, dass sie mies zu ihm gewesen war und ihn benutzt hatte, dass er sie hasse und nie zu ihr zurückkehren würde, aber gleichzeitig schlief er mit ihr? Was habe ich falsch gemacht? Keine Ahnung, aber ich scheine Verlierer irgendwie anzuziehen.

Was ich diesen Mann hätte fragen sollen:
Findest du es richtig, weiterhin mit einem ehemaligen Partner zu schlafen?

c) Du umgibst dich mit Freunden
d) Du umgibst dich mit Menschen, zu denen du dich sexuell hingezogen fühlst

763. Was hältst du von Menschen, die sich von ihrem Partner trennen, um dann mit ihm einen Neuanfang zu machen?

764. Hast du schon mal bei einer Beziehung, die beendet war, einen Neuanfang gemacht?
Ist das deiner Meinung nach ein Schritt nach vorn oder zurück? Warum?
765. An welchem Punkt innerhalb einer Beziehung meinst du, zu impulsiv gewesen zu sein?
Oder nicht impulsiv genug?
766. Kannst du deinen Partner/deine Partnerin erregen, ohne ihn/sie zu berühren?
767. Kannst du ihn/sie mit verbundenen Augen erkennen?
768. Welche Stelle berührst du als erste?
Machst du es jedes Mal gleich?
769. Gibst du mit den Leistungen deines Partners an?
770. Was ist dir innerhalb einer Paarbeziehung so heilig, dass du mit niemandem darüber sprichst?
771. Was für »Paar«-Informationen kannst du anderen Familienmitgliedern und Freunden mitteilen, um andere Aspekte der Beziehung in deinem Leben darzulegen?
772. In welcher Hinsicht bist du romantisch?
773. Wann hat dich zum letzten Mal jemand mit seinem Charme verführt? Mit seinem Körper? Mit seinem Geist?
774. Würdest du einen unbekümmerten, einen launenhaften oder einen kokettierenden Menschen bevorzugen?
775. Kannst du dem Wunsch nachgeben, etwas loszulassen?
776. Hat sich schon einmal jemand wie eine Flutwelle durch dein Leben bewegt?
Wie lange dauerte es, bis du dich davon erholt hattest?
777. Fühlst du dich einem Menschen, mit dem du zum ersten

Mal geschlafen hast, anschließend näher oder eher distanziert?

778. Wie bezeichnest du ehemalige Liebes- oder Lebenspartner?
779. Was haben deine früheren Liebespartner gemein?
780. Was haben sie mit dir gemein?
781. Mit welchem Menschentyp bist du noch nie ausgegangen, hättest aber Interesse daran, diese Erfahrung zu machen?
782. Möchtest du dich lieber sexuell oder intellektuell zu einem anderen Menschen hingezogen fühlen?
783. Hat jemand, der das gleiche Geschlecht hat wie du, schon einmal versucht, dich anzumachen?
     Hat dich das glücklich gemacht?
     Hat es dich beleidigt?
     Hat dir die Aufmerksamkeit geschmeichelt?
784. Praktizierst du *immer* Safer Sex?
785. Weißt du, was STD bedeutet?
786. Fragst du einen Liebespartner, ob sein Testergebnis negativ war?
     Für welche Krankheiten?
787. Vertraust du ihm, wenn er sagt, das Testergebnis sei negativ gewesen, oder willst du Beweise sehen?
788. Wärst du bereit, dein eigenes Testergebnis vorzuzeigen?
789. Wenn jemand ein positives Testergebnis hätte, wie würde sich das auf deine Entscheidung auswirken, eine Beziehung einzugehen?
     Wäre das ein Grund, sofort Schluss zu machen?
     Selbst wenn du verliebt wärst?

Anita, 33

Dallas, Texas

Ich habe festgestellt, dass es viele Männer gibt, die sich ihrer sexuellen Neigung nicht ganz sicher sind, aber nicht wissen, ob sie dies laut sagen sollen oder nicht. Ich spreche aus Erfahrung, da mein Mann sich nach unserer Scheidung geoutet hat! Heute sind wir gute Freunde, und ich unterstütze seinen Lebensstil, so wie er meinen unterstützt.

Ich glaube, dass ein Gespräch mit einer eröffnenden Frage über eine klare Aussage zur Sexualität einen tollen Dialog über Beziehungen zwischen zwei Menschen in Gang bringen könnte. Ich glaube, ich habe mir selbst hin und wieder die Frage gestellt und gedacht, dass ich bisexuell sein könnte. Ich glaube, wenn ein Mann mir diese Frage stellen würde, wäre ich offen, sodass es später keine Missverständnisse gäbe. Ich hoffe, dass ich nicht zu naiv bin, wenn ich annehme, dass jemand offen genug wäre und dies mit einem Menschen, mit dem er eine Beziehung anstrebt, diskutieren könnte, ohne dass es ihm peinlich wäre.

Rückblickend kann ich sagen, dass ich meinen Exmann dadurch viel besser kennen gelernt hätte, bevor ich mit ihm geschlafen habe und dann vor den Traualtar getreten bin. Jetzt, da wir Freunde und nicht mehr miteinander verheiratet sind, habe ich das Gefühl, ihn viel besser als während unserer Ehe zu kennen. Es gab so viele Dinge, die wir nie erwähnt und in Bezug auf seine Kindheit und Sexualität vor unserer Ehe diskutiert haben, bevor wir miteinander ins Bett gegangen sind. Dann kam der Punkt, an dem ich das Gefühl hatte, dass die Beziehung viel zu weit fortgeschritten war, um seine Sexualität wirklich in Frage zu stellen, weil

das dazu hätte führen können, dass er mich verlassen hätte, und was hätte ich dann getan? Heute kann ich das mit einem Lächeln sagen. Damals konnte ich es mir nicht vor Augen führen, dass ich mit einem völlig Fremden vor den Traualtar getreten war, obwohl wir zweieinhalb Jahre lang miteinander ausgegangen waren.
Ich glaube, dass ehrliche Gespräche über die Sexualität in einer engagierten Beziehung ungemein wichtig sind. Ich glaube, dass sich die Neigungen von Menschen ändern können und Kommunikation, Ehrlichkeit und Offenheit in Bezug auf dieses Thema ungeheuer wichtig sind! Für mich selbst habe ich beschlossen, den Verlust unserer ehelichen Beziehung zu akzeptieren, aber dafür einen wunderbaren Freund fürs Leben zu gewinnen!

Ich hätte fragen sollen:
Bist du dir deiner sexuellen Neigung sicher?

790. Wie lange dauert es, bis du einen neuen Liebespartner richtig kennen lernst?
791. Was gefällt dir besser?
    a) Küssen
    b) Vorspiel
    c) Hardcore-Sex
    d) Etwas anderes (bitte näher bezeichnen)
792. Wie wirst du gerne geküsst?
    a) Tief
    b) Weich
    c) Du möchtest gebissen werden
    d) Hart und grob

793. Ist der Orgasmus der Anfang, die Mitte oder das Ende von Sex für dich?
794. Wie gehst du das Thema »sexuelle Technik« an und ob diese deine Erwartungen erfüllt?
795. Was ist deiner Meinung nach erotisch?
796. Hat ein Liebespartner dich schon einmal mit einer speziellen Bitte schockiert?
Was war es?
797. Warum finden es heterosexuelle Männer erotisch, wenn zwei Frauen miteinander Sex haben, aber unerotisch, wenn zwei Männer miteinander Sex haben?
798. Glaubst du an Liebe auf den ersten Blick?
Hast du so etwas schon einmal erlebt?
799. Wirst du ständig von demselben körperlichen Erscheinungsbild angezogen?
Was für ein Erscheinungsbild ist das?
800. Was geht dir bei einem Partner auf die Nerven?
a) Schlechte Manieren
b) Nicht koordinierter Tänzer
c) Nicht koordinierter Liebhaber
d) Keine Ahnung von Literatur
e) Keine Ahnung von Investitionen
f) Unverantwortlicher Umgang mit Geld
g) Etwas anderes (bitte näher bezeichnen)
801. Hast du eine Lieblingsaktivität oder ein Lieblingskleidungsstück, das dir ein tolles Gefühl gibt?
In dem du dich sexy fühlst?
802. Fühlst du dich sexy, wenn du Reizwäsche trägst?

Jay, 28

Austin, Texas – Finanzplaner

Ich war vier Jahre lang verheiratet und war vorher vier Jahre lang mit ihr zusammen gewesen. Während all dieser Zeit hätte ich es mir nie träumen lassen, dass sie mich verlassen könnte und zukünftig als Lesbe leben würde. Als ich sie kennen lernte, interessierte sie sich für Männer, und was mich betraf, war ich überzeugt, dass das immer so sein würde. Da wir gut miteinander kommunizieren konnten und sehr ehrlich miteinander waren, kam es mir nie in den Sinn, sie zu fragen, ob sie lesbisch sei.

Nachdem wir ein paar Jahre zusammen gewesen waren, zeigte sie etwas Interesse für Frauen. Sie schaute sich Frauen gerne an, schien aber nie sehr interessiert zu sein, diesbezüglich irgendetwas zu unternehmen. Ich fand es amüsant, und es erregte mich, wenn sie sich Frauen anschaute und Kommentare abgab, da ich hoffte, es würde zu einem Dreier führen. Es schien nie über das Anschauen hinauszugehen, sodass ich mir keine Sorgen machte. Wir waren weiterhin glücklich miteinander und schließlich heirateten wir. Dann interessierte sie sich plötzlich für lesbische Pornografie, wobei ich wieder dachte, dass dies zu einem Dreier führen könnte, aber wieder wurde nichts daraus.

Wir waren einige Jahre verheiratet und waren mehrmals umgezogen. Schließlich loderte die Flamme nicht mehr so wild, aber ich wollte, dass diese Beziehung weiterhin funktionieren würde. Ihr Interesse an Frauen schien zu stagnieren, und ich betrachtete es nie als Bedrohung. Doch dann wurde sie wieder neugieriger, und ich erinnere mich an eine Party, auf der sie fragte, ob sie eine Frau küssen dürfe, wenn sich die Gelegenheit ergäbe. Ich hatte nichts dagegen, nahm es aber weiterhin nicht als Bedrohung wahr. Sie küsste niemanden (oder vielleicht erregte sie keine der anwesenden Frauen), und ich machte mir weiter keine Gedanken deshalb.

Ein paar Jahre später besuchte sie ihre Familie und lernte eine Frau kennen, für die sie sich interessierte. Sie kam nach Hause und sagte mir, dass sie diesen Teil ihrer Identität weiter erforschen wolle, aber alleine – nicht mit mir. Ich war nicht glücklich darüber, aber wir redeten darüber. Sie sagte, sie könne es jetzt unterdrücken, aber es würde über kurz oder lang wieder zutage treten. Oder sie könne es jetzt erforschen, während wir noch jung seien. Ich stimmte zu, und sie erlebte ihr erstes lesbisches Abenteuer. Danach kam sie zu mir nach Hause zurück und erklärte, dass sie ihre Erfahrung gemacht habe und dass diese sich »richtig« anfühle und sie nun eine Lesbe sei.

Ich war tief verletzt, und trotz all der offensichtlichen Anzeichen hatte ich es wirklich nicht kommen sehen und hätte nie gedacht, dass es zur Trennung und unserer Scheidung führen würde.

Welche Frage ich hätte stellen sollen?
Könnte dein Interesse an Frauen eine Bedrohung unserer Beziehung und Intimität darstellen?

803. Fühlst du dich sexy – egal, was du trägst?
804. Was könnte jemand tun – oder sagen –, das dir das Gefühl gibt, sexy zu sein?
805. Hat dir schon einmal jemand den Atem geraubt, indem er dich einfach nur angesehen hat?
806. Wirst du nervös, wenn jemand dich direkt anstarrt?

807. Hast du schon einmal den Ehepartner eines anderen begehrt?
Hast du dieser Begierde nachgegeben?
808. War eine verheiratete Person schon einmal hinter dir her?
Wie hat sich das auf deine Einstellung zur Ehe ausgewirkt?
Zu dir selbst?
Hast du den anderen ermutigt?
Hast du den anderen davon abgehalten?
Hast du mitgemacht und bist eine Beziehung eingegangen?
809. Fällt es dir leichter zu sagen: »Das brauche ich von dir als Liebespartner«, oder: »Das brauche ich von dir emotional«?
810. Hältst du dich für …
a) sexuell offen?
b) abenteuerlustig?
c) neugierig?
d) traditionell?
In welcher Hinsicht?
811. Wie bestrafst du einen Liebespartner, wenn du wütend bist?
a) Du zeigst deine Enttäuschung
b) Du zeigst, dass du verletzt bist
c) Du enthältst ihm Sex vor
d) Du sprichst nicht mit ihm
812. Würdest du dich wohl dabei fühlen, dich zu streicheln, während dein Liebespartner zuschaut?
813. Würde es dir etwas ausmachen, deinen Liebespartner dabei zu beobachten, wie er sich selbst berührt?
814. Beruht Liebe auf *Bedürfnissen* oder auf *Wünschen*?

815. Woher weißt du, ob du auf jemandem aus einem Bedürfnis oder aus einem Wunsch heraus zugehst?
Was ist gesund?
Was ist ungesund?
816. Glaubst du, du könntest einen Menschen auf eine Art lieben und einen anderen auf eine andere Art?
817. Warum werden Männer verlegen, wenn Frauen Pilzinfektionen oder ihre Periode diskutieren?
818. Was liebst du an Frauen?
819. Was liebst du an Männern?
820. In welchem Alter hast du deinen ersten »echten« Kuss bekommen?
Wer hat dich geküsst?
Hat es dir gefallen?
821. Als du das erste Mal Sex hattest – geschah dies aus Liebe oder Neugier? Hat es dir gefallen?
822. Wie alt warst du beim ersten Mal?
823. Wie gut kannst du dich an das erste Mal erinnern?
824. Wer hat dir das meiste über das Liebesspiel beigebracht? Was hast du gelernt?
825. Hattest du schon mal das Gefühl, sexuell ausgenutzt zu werden?
826. Wann hast du dich zum ersten Mal als Frau/Mann gefühlt?
827. Wenn dein Partner zur Tür hereinkommt, was sagst oder tust du dann als Erstes?
828. Im Restaurant lehnt sich dein Gegenüber vor und sagt dir, dass Essen an deinen Zähnen klebt. Reagierst du erleichtert, oder ist es dir peinlich?

829. Hast du schon einmal Folgendes zu jemandem gesagt: »Du ziehst mich körperlich nicht an.« Wie hat der andere reagiert?
830. Hat schon einmal jemand zu dir gesagt, er finde dich nicht attraktiv? Wie bist du damit umgegangen?
831. Was ist dein Rezept für Love Potion No. 9?
832. Deine Partnerin/dein Partner trifft am Flughafen ein, ist sehr sexy gekleidet und trägt ein riesiges, professionell aussehendes Schild, auf dem dein Name und Folgendes steht:
    OMAS UNARTIGER TAXIDIENST
    DIE BESTE STÄDTETOUR
    TEL.: 69SEXY
    Sie ruft deinen Namen, sodass alle Fluggäste ihn hören.
    a) Wäre dir das peinlich?
    b) Würdest du wütend reagieren?
    c) Fändest du es charmant?
833. Was ist deine Vorstellung von einem romantischen Abend?
    a) Ein Essen in einem schicken Restaurant
    b) Ein gemeinsamer Abend zu Hause mit einem Film
    c) Abendessen im Bett
    d) Dein Partner holt dich von der Arbeit ab, verbindet dir die Augen, fährt dich auf das oberste Parkdeck am Flughafen, breitet ein Picknick aus, das ihr auf der Motorhaube sitzend verzehrt, während ihr die Flugzeuge beobachtet und darüber redet, wohin ihr reisen wollt
    e) Etwas anderes (bitte näher bezeichnen)
834. Könntest du dir eine Ehe mit getrennten Schlafzimmern vorstellen?

835. Würdest du dein eigenes Heiratsgelübde schreiben?
Was würdest du sagen?
836. Glaubst du, dass Liebe einfach oder kompliziert ist?
837. Wenn deine Freunde sagen würden, dass du dich von einer bestimmten Person fern halten solltest, würde sich das auf deine Entscheidung auswirken, mit dieser Person eine Beziehung einzugehen oder nicht?
838. Wenn deine Eltern etwas gegen deinen Partner hätten, würdest du dann die Beziehung beenden?
839. Mit wie vielen Menschen, die dem Profil des andersgeschlechtlichen Elternteils entsprechen, hattest du Verabredungen?
840. Wärst du lieber mit einem Menschen zusammen, der von der ganzen Welt begehrt wird, oder mit jemandem, der nur dir gefällt?
841. Wie umgehst du Konflikte mit einem Liebespartner?
842. Hast du jemals mit einem Liebespartner zusammengelebt?
Was war dein Motiv?
Wie lange hat es gehalten?
843. Glaubst du, dass das Zusammenleben vor der Ehe notwendig ist, um zu sehen, ob du den Betreffenden heiraten könntest?
844. Wenn du jemanden kennen lernst, den du magst und zu dem du dich hingezogen fühlst, denkst du dann:
    a) Ich hoffe, er mag mich
    b) Ich hoffe, dass ich einen guten Eindruck mache
    c) Ich bin so, wie ich bin – entweder gefällt ihm das oder nicht

845. Worüber hast du dich mit ehemaligen Partnern am meisten gestritten?
   a) Sex
   b) Geld
   c) Kommunikation
   d) Aktivitäten
   e) Die gemeinsam verbrachte Zeit
   f) Die nicht gemeinsam verbrachte Zeit
   g) Die Zeit, die mit deiner oder seiner Familie verbracht wurde
   h) Untreue
   i) Etwas anderes (bitte näher bezeichnen)
846. Was wünschst du dir von einer Beziehung?
847. Wie viel Zeit kannst du dafür aufwenden, ohne das Gefühl zu haben, dass du deine anderen Interessen aufgibst?
848. Welche Eigenschaften motivieren dich auf den ersten Blick, dich an jemanden zu erinnern?
   Was erweckt deine Neugier?
   Was erweckt dein Verlangen?
849. Woran erkennst du, dass du verliebt bist?
850. Wie handhabst du eine Begegnung mit einem ehemaligen Partner, wenn du mit deinem derzeitigen Partner unterwegs bist? Stellst du die beiden einander vor, oder weichst du der ganzen Situation aus?
851. Was bereitet dir das größte sexuelle Vergnügen – Geben oder Empfangen?
852. Was ist das »Hoch« der Liebe?
853. Was ist Vernarrtheit?

Louise, 41

Santa Clara, Kalifornien – Chefsekretärin

Mein Freund fand immer neue Entschuldigungen, um sich nicht binden zu müssen. Wir waren schon seit zwei Jahren zusammen, aber er sagte ständig, dass wir einige Probleme lösen müssten, bevor wir eine Bindung eingehen könnten. Das Problem bestand darin, dass er keinen »Aktionsplan« hatte, um eine Lösung für diese Probleme zu finden, sodass wir auf der Stelle traten, statt zu erkennen, dass einer der Partner nicht gewillt war, sich zu ändern oder die Beziehung aufzugeben. Letztendlich habe ich die Beziehung beendet, aber er ist immer noch ein guter Freund, und irgendwo in meinem Innersten hoffe ich noch immer, dass er sich ändern wird.

Ich hätte bereits zu Anfang fragen sollen:
Bist du bereit, dir Zeit zu nehmen, um über die Unterschiede zwischen uns zu sprechen? Bist du wirklich bereit, eine langfristige Beziehung mit mir einzugehen?

Ist es etwas Gutes?
Ist es gesund?
Ist es etwas Kontraproduktives?

854. Wenn ich sagen würde: »Iss dich an mir satt!«, was würdest du dann tun?
855. Warum sagen Männer zu Frauen: »Ich ruf dich an!«, wenn es ein beschönigender Ausdruck für »Das war's.« ist?
856. Was hast du an deinen früheren Liebespartnern bewundert?

857. Hast du schon einmal zu jemandem gesagt, dass du ihn sehr schätzt, dass du ihn bewunderst, oder hat man dies schon einmal zu dir gesagt?
Was hat dir das bedeutet?
858. Welche Priorität hat Liebe, Wertschätzung, Bewunderung für dich? Warum?
859. Wenn es nur einen Bewunderer in einer Beziehung gibt – möchtest du dann der Bewunderer oder der Bewunderte sein?
Warum?
860. Was bedeutet »emotional nicht zugänglich« für dich?
Hat dich schon mal jemand so beschrieben?
861. Hattest du jemals eine Beziehung zu einem Menschen, den du als emotional nicht zugänglich beschreiben würdest?
862. Wie möchtest du vorgestellt werden?
Dies ist mein/meine ________ (Wort einsetzen); oder nur mit dem Namen?
863. Wie viele Liebespartner hattest du?
Wie viele davon waren One-Night-Stands?
Wie viele Beziehungen dauerten eine Woche bis einen Monat an?
Wie viele einen bis sechs Monate?
Wie viele hielten länger?
Wie lange?
864. Was bedeutet es, vom Wesen eines Menschen angezogen zu werden?
865. Welches Wesen hat für dich die größte Anziehungskraft?

Helene, 42

Dallas, Texas – Schriftstellerin

Ich machte mir so viel Hoffnung. Ich hatte mich dreimal mit Gordon getroffen, bevor ich mich hoffnungslos in ihn verliebte. Er nahm einen Anruf entgegen, und sein langes, dunkles, mahagonifarbenes Haar fiel ihm über die Augen, während er sprach. Das war der Auslöser.

Er hatte sich kürzlich scheiden lassen, und wir lernten uns in einer Gruppe kennen, in der Geschiedene versuchten, einen Neuanfang zu machen. Die Chemie zwischen uns war enorm. Wir blieben Nacht für Nacht bis zur Morgendämmerung auf, tranken Kaffee und rauchten und diskutierten Chopin, Hawthorne, Shakespeare. Die Verbindungen, die wir entdeckten, waren endlos. Ich hatte ihn gefunden. Endlich. Meinen Seelenpartner.

Aber es gab ein Problem, einen großen Störfaktor: Ginny, seine Exfrau. Ja, er war geschieden, aber es war keine völlige Trennung. Er betrachtete sie noch immer als seine Frau. Sie hatte sich ihm »aufgeprägt«, wie er sagte. Gefühlsmäßig war er ihr immer noch verbunden. Im Verlauf der drei Jahre, die wir zusammen waren, »trennten« wir uns alle sechs Monate, damit er zu ihr gehen konnte, um angeblich endlich einen Schlussstrich zu ziehen. Sie schien ihn magisch anzuziehen. Er ging zurück zu ihr und versuchte, sich von ihr zu lösen, was ihm jedoch nicht gelang. Er konnte die alten Gefühle einfach nicht überwinden.

Als hoffnungslose Romantikerin, die ich bin, dachte ich, dass es mir gelingen würde, ihren Platz einzunehmen. Dass unsere Verbindung so viel besser und besonders und stark sei, dass er sie vergessen würde. Alle sechs Monate versprach er mir, dass »dies

das letzte Mal ist«, aber das traf nie zu. Er ging zu ihr, kam zurück und ich dachte, dass eine Heirat näher rücken würde. Und er versicherte mir, dass er bald so weit wäre – ich speicherte sogar seine E-Mails ab, in denen er dies schrieb, um mir zu versichern, dass ich mir nichts vormachte.
Aber er machte nie einen Heiratsantrag.

Die Schlüsselfrage lautet:
Woher weiß ich, dass du deine Scheidung endgültig hinter dich gebracht hast und für mich emotional verfügbar bist?

866. Gab es jemanden in deinem Leben, bei dem es übermäßig lange gedauert hat, die Erinnerung an ihn aus deinem Gedächtnis zu verjagen?
Wer war das?
Warum ausgerechnet diese Person?
Hast du anschließend nach einem ähnlichen Menschen gesucht?
Was ist daraus geworden?
867. Glaubst du, dass »Ich liebe dich« ein genaues linguistisches Barometer deiner Gefühle ist oder eine abgedroschene, zu viel benutzte Phrase?
868. Streich die Worte »Ich liebe dich« aus deinem Vokabular – wie würdest du Liebe dann in Worten ausdrücken?
In Taten?
869. Würdest du es lieber sehen, dass dein Partner/deine Partnerin zum Ausgehen bereits angezogen ist, oder würdest du ihn/sie beim Ankleiden beobachten wollen?

870. Hat dir schon einmal jemand Blumen oder ein Geschenk geschickt und die Karte nicht unterzeichnet?
Wenn ja, konntest du erraten, von wem es war?
Hattest du Recht?

871. Würde dir übel werden, wenn du sehen würdest, wie sich deine Partnerin übergibt, weil sie …
a) eine Darmgrippe hat
b) einen Kater hat
c) schwanger ist

872. Wurdest du von einem Liebespartner jemals angenehm überrascht? Unangenehm überrascht?
Wie? Warum?

873. Bewahrst du Souvenirs, Postkarten und Briefe auf, die ehemalige Liebespartner dir geschickt haben?

874. Gibst du einem Partner nach Beendigung einer Beziehung seine Sachen zurück oder wartest du darauf, dass er dich anruft?

875. Wurdest du vom Geständnis eines Liebespartners schon einmal überrascht?
Was hat er da gesagt?
Wie hast du reagiert?

876. Wenn auf einer Party jemand auf dich zukäme und sagen würde, dass er dir alles geben kann, was du in deiner derzeitigen Beziehung nicht bekommst, was würdest du dann sagen?
Was würdest du tun?
Was bekommst du zurzeit nicht?
Wie gehst du mit dem um, was dich unglücklich macht?

Würdest du daraufhin deinem Partner sagen, dass du unglücklich bist?
Würdest du das, was dir fehlt, in deiner existierenden Beziehung zu finden versuchen?
Oder wärst du versucht, es bei einem Fremden zu finden?

877. Wie würdest du den Valentinstag mit einem Liebespartner feiern?
878. In welchem Stadium einer Beziehung würdest du jemanden einladen, deine Eltern zu Weihnachten zu besuchen? Welche Bedeutung hat das für dich?
879. Wenn du mit deinem Seelenpartner verheiratet wärst, würdest du dann als Erster sterben wollen? Warum?

Fragen zu Beziehungen

880. Standest du jemals kurz vor einer Heirat?
Warum habt ihr dann doch nicht geheiratet?
881. Hast du dich schon einmal in jemanden verliebt, *bevor* du ihn ganz akzeptiert hast, also auf der Grundlage dessen, wie du ihn haben *wolltest*, nicht als die Person, die er war?
Wie war das für dich?
Wie war das für ihn?
882. Hast du dich schon einmal in jemanden verliebt und diesen Menschen ganz und gar akzeptiert – nicht wegen seines *Potenzials*, sondern genau so, wie er war? Wie war das?
883. Wer ist im Augenblick die einflussreichste Person in deinem Leben?

Jack, 39

Atlanta, Georgia – Rennradfahrer/Friseur

Es sollte eine Standardliste mit Fragen geben, die ich in der ersten Phase des Kennenlernens stellen kann. Die Liste scheint immer länger zu werden, aber in meinem letzten Jahr in der Single-Welt habe ich Folgendes erlebt und hätte den Frauen vor einer neuen Verabredung diese Fragen stellen sollen:

Bist du lesbisch/bisexuell?
Leidest du unter einer bipolaren Störung?
Bist du süchtig/Alkoholikerin?
Bist du egomanisch, und leidest du unter einem Minderwertigkeitskomplex?

Egal – es gab einige, die die ersten, frühen Runden einer Beziehung überlebten, sodass wir in die Phase eintraten, in der wir uns ziemlich wohl miteinander fühlten. Dies waren die komplizierten Beziehungen, denn diese Frauen hatten es geschafft, so viel Nähe aufzubauen, dass sie emotionalen Schaden anrichten konnten (ich betrachte diese Beziehungen als Lektionen für mich). Lust, Leidenschaft, Verlangen usw. waren vorhanden. Ich betrachtete meine neuen Freundinnen mit Ehrfurcht. Sie waren schön, und ich konnte mich glücklich schätzen, mit ihnen zusammen zu sein. Sie hatten mir (selbst) gesagt, dass sie gerne mit mir zusammen waren.

Zu diesem Zeitpunkt hätte ich Detektiv spielen oder mir zumindest der Muster bewusst sein sollen, die sich da entwickelten. Meine Partnerin war wunderbar, wenn ich in ihrer Nähe war und wir über uns redeten – oder wenn wir kurz davor waren, Sex zu haben, dabei waren oder uns vom Sex erholten. Unsere Bezie-

hung war rein körperlich. Sie endete mit einem fürchterlichen Streit, als der Sex langweilig wurde und sich Unsicherheit – die böse Verwandte der Angst – zeigte. Sie konnte mir wegen der »gut aussehenden« Mitarbeiterinnen an meinem Arbeitsplatz und im Fitnessstudio nicht vertrauen. Diese Beziehung endete also, und bis heute haben wir nicht wieder miteinander gesprochen.
Mit meiner nächsten potenziellen Partnerin hatte ich meiner Meinung nach eine sehr gute Wahl getroffen, da sie in vielerlei Hinsicht das genaue Gegenteil meiner vorherigen Freundin war. Sie war sehr selbstbewusst, bezaubernd schön und schien einfach völlig anders zu sein. Wir hatten viele gemeinsame Ziele und denselben Sinn für Kunst. Ich dachte wirklich, dass ich meine Traumfrau gefunden hätte ... Doch ihre Tatkraft und ihr Selbstbewusstsein waren mehr, als ich ertragen konnte. Ich war kein Partner, sondern jemand, der ihr zuhörte, ohne zu antworten, der nicht von sich sprach, es sei denn, es war für sie von Vorteil. Mein Leben, so wie es war, reichte ihr nicht. Diese Beziehung endete also ebenfalls.
Der gemeinsame Nenner bei diesen beiden Erfahrungen bin ich ... Ich bin derjenige, der sich fragen sollte, was ich tun muss, um den Menschen zu finden, der ein Gleichgewicht zu mir und dem bildet, was ich mit mir herumschleppe (schließlich haben wir alle unser Päckchen zu tragen).

Aber die eine wichtige Frage, die in Betracht gezogen, erwägt und gestellt werden muss, ist folgende:
Akzeptierst du mich so, wie ich jetzt bin und nicht als Menschen, der ich deiner Meinung nach sein oder werden könnte, einschließlich der Dinge, die ich mit mir herumschleppe?

884. Worum ging es in dem letzten Gespräch, das du mit dieser Person geführt hast?
885. Wie ehrst du die Menschen, die du liebst?
886. Wie haben dich die Menschen geehrt, die dich lieben?
887. Wenn wir ein Paar wären, was dürfte ich dann besser können als du?
888. Was hältst du von Eheverträgen?
Würdest du einen unterschreiben?
Würdest du selbst einen entwerfen?
889. Wer ist der beste Freund/die beste Freundin, der/die dasselbe Geschlecht hat wie du?
Wie habt ihr euch kennen gelernt?
Seit wann seid ihr befreundet?
Was magst du am meisten an ihm/ihr?
890. Wer ist der beste Freund/die beste Freundin, der/die dem anderen Geschlecht angehört?
Wie habt ihr euch kennen gelernt?
Seit wann seid ihr befreundet?
Was magst du am meisten an ihm/ihr?
891. Wer kennt dich am besten?
892. Wie viel hast du ihm/ihr von deiner Persönlichkeit gezeigt?
Wie gut kann diese Person über das hinaussehen, was du zeigst?
Konnte sie das sofort tun, oder hat es Tage, Monate oder Jahre gedauert?
893. Wie lange dauert es, bis du jemanden gut kennst?
894. Haben deine Freunde dich jemals dafür getadelt, dass du sie ignoriert hast, als du in einer Beziehung warst?

895. Was tust du, wenn jemand deine Grenzen beständig nicht respektiert?
896. Auf welche Beziehungen in deinem Leben bist du besonders stolz?
897. Was ist der schlimmste Schaden, den du angerichtet und dadurch eine Beziehung zerstört hast?
898. Hältst du den Kontakt zu Freunden und Verwandten aufrecht, die weit entfernt wohnen? In welchem Ausmaß?
899. Wer von deinen Freunden verfügt über eine Fähigkeit, die du dir für dich selbst wünschen würdest? Was ist das für eine Fähigkeit?
900. Was muss geschehen, bis du einem anderen Menschen deine größten Geheimnisse anvertraust?
901. Wann weißt du, dass du genug von einer Beziehung hast und bereit bist, Schluss zu machen?
902. Gibst du schnell auf?
903. Bist du dickköpfig und halsstarrig?
904. Wie hast du dich schon einmal aus einer Beziehung herausmanövriert?
905. Wie konntest du einen Konflikt mit einer anderen Person kreativ lösen?
906. Was hast du einem Menschen Gutes getan, ohne dass der Betreffende davon weiß?
907. Welches Vergehen ist für dich unverzeihlich?
908. Wie misst du Charakterstärke?
909. Fällt es dir schwer zu vergeben?
910. Wartest du auf eine Entschuldigung?
Bittest du selbst um Verzeihung?

Marie, 38

Dallas, Texas – Kundenbetreuerin

Es stellte sich heraus, dass ich meinem Freund und meiner besten Freundin Fragen hätte stellen sollen. Keine andere Freundin hat mir dies je angetan, sodass ich darauf überhaupt nicht vorbereitet war.

Ich kannte Jane seit unserer Unizeit. In den darauf folgenden Jahren hatten wir den Kontakt aufrechterhalten, und in den letzten vier Jahren waren wir richtig gute Freundinnen geworden. Jane hatte sich gerade von ihrem Freund, mit dem sie ein Jahr zusammen gewesen war, getrennt, weil er sie betrogen hatte. Es war erst eine Woche her, aber sie beschloss, dennoch die geplante Weihnachtsparty zu feiern.

Sie beschrieb mir drei oder vier Typen, die sie in der vorhergehenden Woche kennen gelernt hatte, und lud sie zu der Party ein. Namen wurden nicht erwähnt, und ich dachte, dass es einfach nur Männer seien, mit denen sie flirten wollte, um sich nach der Trennung besser zu fühlen. Auf der Party lernte ich Dan kennen – ein lustiger Typ und klug –, und wir hatten viel Spaß miteinander. An diesem Abend verließ ich die Party zusammen mit ihm. Okay, ich muss zugeben, dass ich auf der Party zu viel getrunken hatte. Und ich muss zugeben, dass ich zu bald mit Dan geschlafen habe.

Eine Woche später traf ich ihn zufällig in einer beliebten Bar, als ich mit Jane und ihren Freundinnen unterwegs war. Dan begann sofort, mit mir zu flirten, und es war offensichtlich, dass er mich mochte. Die Mädchen meinten, dass er ein netter Typ sei und wir ein nettes Paar abgäben. Er begleitete mich zu meinem Wagen, und wir planten, uns am nächsten Samstag auf einer Weihnachtsparty zu treffen. Am Samstagabend fand er den Weg nicht. Er rief Jane an, die ihm per E-Mail die Einladung und eine Wegbeschreibung geschickt hatte. Sie reichte mir den Hörer und sagte: »Der Anruf ist für dich.« Schließlich fand er den Weg, und wir hatten viel Spaß auf der Party.

An diesem Abend kam er mit zu mir nach Hause und verbrachte den ganzen Sonntag mit mir. Er lud mich zum Mittagessen ein und schien wirklich Interesse für mich zu zeigen. An diesem Tag fand ich auch heraus, dass er in Kalifornien lebt. (Okay, ich hätte ihn fragen sollen, aber er kannte so viele Leute, dass ich angenommen hatte, er lebe hier.) Er sagte, dass er in der nächsten Woche wieder hier sein und mich anrufen würde. Ich machte mir keine großen Hoffnungen, da ich wusste, wie solche Beziehungen oft verlaufen.

Ich rief Jane an und berichtete, wie toll Dan sei und wie gut wir uns verstanden. Ich sagte, dass ich ihn wirklich mochte, und ich glaube, ich erwähnte auch, dass er ein toller Liebhaber war. Sie hörte mir zu und schien sich für mich zu freuen. In der darauf folgenden Woche schickte ich ihr eine E-Mail, in der ich um Dans E-Mail-Adresse bat. Ich hatte seine Telefonnummern, aber ich wollte ihm schreiben, dass ich eine gute Zeit mit ihm gehabt hatte. Sie antwortete nicht, sodass ich annahm, sie habe zu viel zu tun. Ein paar Tage später rief ich sie wegen derselben Sache an, aber sie rief nicht zurück. Auch über die Weihnachtsfeiertage rief sie mich nicht an, was merkwürdig war, da sie seit der Trennung so bedrückt und einsam gewesen war. Schließlich rief ich eine Freundin an, um sicherzugehen, dass alles in Ordnung sei. Sie sagte, ja, ich müsse mir keine Sorgen um Jane machen. Merkwürdigerweise hatte Dan nicht angerufen, aber es war erst zwei Wochen seit unserem letzten Treffen her und immerhin war Weihnachten.

Schließlich rief Jane mich an und berichtete, dass sie mit Dan ausgegangen sei. Ich traute meinen Ohren nicht! Irgendwie konnte ich verstehen, dass Dan so etwas tun würde, aber ich hatte mir nicht vorgestellt, dass eine meiner besten Freundinnen mich so verletzen würde. Sie forderte mich sogar auf, einen Club zu verlassen, weil sie dachte, Dan würde sie dort am Abend treffen. (Was er nicht tat!) Sie schloss mich zu seinen Gunsten auch aus ihrem Freundeskreis und ihren Aktivitäten aus. Offenbar hatte sie ihn schon immer gemocht, hatte aber nicht den Mut gehabt, mir dies zu sagen, als er sich stattdessen für mich interessierte.

Letztendlich waren Jane und Dan nur drei Wochen zusammen, bevor er Schluss machte. Er war sogar so unverschämt, mich anzurufen, um sich mit mir zu verabreden, aber ich lehnte höflich ab.

Jane ruft mich nicht mehr an und verhält sich komisch, wenn wir irgendwo zusammen sind. Ich bin traurig, dass ein Mann unsere Freundschaft zerstört hat.

Die Frage, die ich ihr hätte stellen sollen, lautet:
Würdest du dich jemals mit jemandem verabreden oder mit jemandem schlafen, der sich für mich interessiert?

Die Frage für Dan:
Wäre es ein Problem für dich, gleichzeitig mit zwei Frauen auszugehen, die eng befreundet sind?

911. Erinnerst du dich an Geburtstage?
912. Wärst du beleidigt, wenn ein Freund oder eine Freundin deinen Geburtstag vergessen würde?
913. Hast du ein Geschenk, das du erhalten hast, schon einmal weiterverschenkt?
914. Für wen hast du in der Vergangenheit gesorgt?
War das frustrierend oder eine dankbare Aufgabe?
915. Glaubst du, dass jemand ein Spiegelbild deiner selbst ist?
In welcher Hinsicht – gut oder schlecht?
916. Wie oft muss jemand etwas sagen, bevor du es hörst und darauf reagierst?
917. Welche deiner Freunde können dich zum Lachen bringen?
918. Was bedeuten die Begriffe »emotionale Schulden und Guthaben« für dich?
919. Hast du schon einmal eine augenblickliche Verbindung zu jemandem verspürt, der zu einem lebenslangen Freund wurde?
920. Was war die Grundlage für die augenblickliche Verbindung?
921. Wann reagierst du mitleidsvoll auf die schlecht koordinierten Versuche eines Menschen?
Wann reagierst du zornig und gereizt?
922. Wie zeigst du dein Interesse an einem anderen Menschen?
923. Wenn ich sagen würde: »Vertrau mir!«, würdest du es tun?
Wenn nicht – wie könnte ich dein Vertrauen gewinnen?
Und bewahren?

924. Welche sehr unangenehme Frage könnte eine andere Person dir stellen?
925. Fühlst du dich in der Gesellschaft anderer jemals unwohl?
In welchen Situationen?
Welche Art von Menschen sind das?
926. Bist du bereit, alles zu tun, um einem Freund zu helfen?
927. Was ist für dich wartungsbedürftig?
Ein Alfa Romeo oder ein Partner, der mehr braucht, als du ohne weitere Probleme geben kannst?
928. Bist du schon einmal einem Menschen begegnet, bei dem dich einige Eigenschaften sehr angezogen haben, während andere dich sehr abgestoßen haben?
Welche Eigenschaften haben dich angezogen?
Welche haben dich abgestoßen?
Was hast du getan?
929. Vertrauen dir andere Menschen ihre Geheimnisse an?
930. Kannst du ein Geheimnis für dich bewahren? Wie lange?
931. Bist du ein Mauerblümchen, wenn du unter Menschen bist, oder stehst du im Mittelpunkt des Interesses?
932. Wie haben andere dich als Erwachsenen bestraft?
Zeigt das Wirkung?
933. Kennst du jemanden, der mit seinem Leben glücklich und zufrieden ist?
934. Fühlst du dich in der Gegenwart eines solchen Menschen wohl oder eher verängstigt?
935. Macht es dir etwas aus, wenn Menschen weinen?
Tröstest du sie?
Wie?

936. Welches ist dein Sternzeichen?
Welches Sternzeichen passt zu dir?
937. Was sind die drei fatalen Fehler, die einer Beziehung fast sofort ein Ende bereiten würden?
a) Schludrigkeit
b) Finanziell verantwortungsloses Handeln
c) Faulheit
d) Atheismus
e) Alkoholismus
f) Drogenmissbrauch
g) Körper-/mentaler Missbrauch
h) Etwas anderes (bitte näher bezeichnen)
938. Wie viel Zeit musst du mit deinen Freunden verbringen, um dich mit ihnen verbunden zu fühlen?
939. Welches Adjektiv würden deine Freunde als Erstes verwenden, um dich zu beschreiben?
940. Hast du schwule Freunde?
941. Hast du einen guten Freund, der schwul ist?
Sind deine Eltern froh darüber, oder ärgert es sie?
942. Hast du verschiedene Freunde, die unterschiedlichen Altersgruppen und Rassen angehören?
943. Hast du einen Mentor? Was hat er dich gelehrt?
944. Bist du Mentor für einen anderen Menschen? Was lehrst du ihn?
945. Warum sagen Menschen: »Das tut mir Leid«, wenn sie vom Tod eines Menschen hören?
946. Was sagst du, wenn du erfährst, dass jemand, der dir wichtig ist, einen geliebten Menschen verloren hat?

947. Hast du jemals ein Gedicht für jemanden geschrieben? Was hast du geschrieben?
948. Hat jemand schon einmal ein Gedicht für dich geschrieben? Hast du es aufbewahrt?
949. Glaubst du, dass es verschiedene Ebenen der Liebe gibt?
950. Glaubst du, dass die Art und Weise, wie Menschen Fremde in ihrem Leben behandeln, Hinweis darauf ist, wie sie dich behandeln würden?
951. Glaubst du, dass unterschiedliches Verhalten für unterschiedliche »Arten« von Menschen reserviert ist?
952. Wie hast du Vertrauen missbraucht? Wissentlich? Unwissentlich?
953. Was hast du am häufigsten von einem ehemaligen Partner gehört? Du bist so …
    a) faul
    b) langweilig
    c) rechthaberisch
    d) kreativ
    e) kritisch
    f) anspruchsvoll
    g) verrückt
    h) feindselig
    i) unverantwortlich
    j) liebevoll
    k) geizig
    l) negativ
    m) überheblich

n) romantisch
o) selbstsüchtig
p) dickköpfig
q) ermüdend
r) unberechenbar
s) wunderbar

954. Ein potenzieller Geschäftskunde sagt, dass er Negatives über dich gehört habe.
Wie reagierst du?

955. Wann ist es am wahrscheinlichsten, dass du zu jemandem sagst: »Das geht dich nichts an«? Warum?
Wann geht es ihn etwas an?

956. Hältst du dich für ehrgeizig?
In welcher Hinsicht?

957. Wenn du mit jemandem zusammen wärst, der so ehrgeizig ist wie du, und der Betreffende die Gelegenheit hätte, in einer anderen Stadt einen besseren Job anzunehmen, wie würdest du entscheiden? Wessen Job hätte Vorrang?

958. Was ärgert dich maßlos in einer Beziehung?
a) zu spät zu einer Party zu kommen
b) ein ungemachtes Bett
c) zu spät bezahlte Rechnungen
d) offen stehende Schranktüren
e) Kauen mit offenem Mund
f) Kleidung, die schon lange aus der Mode ist
g) Kleiderberge auf dem Boden
h) Füllwörter in einem Gespräch
i) ungeöffnete Post

j) unordentliche Kleidung
k) eine unaufgeräumte Wohnung
l) Zahnpasta, die nicht richtig aus der Tube gedrückt wird
m) Rülpsen
n) Furzen
o) Etwas anderes (bitte näher bezeichnen)

959. Was ist dir peinlich?

960. Wenn du teure Theaterkarten für dich und deinen Partner oder besten Freund gekauft und ihm gesagt hättest, dass Abendkleidung angesagt ist, und er unpassend gekleidet wäre, wie würdest du dann reagieren? Wäre es dir peinlich, mit ihm zusammen gesehen zu werden?

961. Hast du schon einmal jemanden getroffen, der dieselben Bedürfnisse hatte wie du? Was ist passiert?

962. Wenn du deinem Partner etwas sagen musst, das er deiner Meinung nach als negativ empfinden wird, wie gehst du das Thema an?
Wie sollte jemand in derselben Situation mit dir umgehen?

963. Gab es eine Situation, in der ein ehemaliger Partner stillvergnügt deine Gefühle verletzt hat und du ehrlich zugeben konntest, dass das so war, und dich damit auseinander setzen konntest?
Worum ging es dabei?
Wie ist das Gespräch verlaufen?

964. Hast du jemandem schon einmal etwas gestanden, das dann gegen dich verwendet wurde?
Unter welchen Umständen?
Was hast du gestanden?

965. Wie würdest du damit umgehen, wenn dein Partner, verletzt würde oder eine Verstümmelung oder Behinderung davontragen würde?
966. Welche Einstellung hast du zu Schusswaffen? Für den Beruf? Waffen im Haus?
967. Wie würdest du damit umgehen, wenn du nicht wüsstest, welche berufliche Aufgabe dein Partner ausübt, weil er nicht darüber sprechen darf, das heißt im militärischen Bereich/bei der Polizei?
968. Hast du beide Seiten eines glamourösen/gefährlichen Berufs analysiert (das heißt Militär, Polizei, Feuerwehr, Medizin, Unterhaltung usw.), also das Gute und das Schlechte daran?
   Wie würdest du …
   a) Intimität aufrechterhalten?
   b) längere zeitliche Trennungen handhaben?
   c) mit Groupies umgehen?
   d) mit der für den Beruf üblichen Kameraderie umgehen?
969. Wie würdest du damit umgehen, wenn du und dein Partner über längere Zeit andere Arbeitszeiten/Schlafenszeiten hätten?

Fragen zu Religion/Spiritualität

970. Bist du religiös oder spirituell? Magst du Kultur?
971. Wie definierst du diese Konzepte?
972. Über welche spirituellen Konzepte oder Sichtweisen des

Lebens verfügst du, die für die Menschheit von Nutzen sind?

973. Welche Vorstellung hast du von Gott?
974. Wie sieht deine Beziehung zu Gott aus?
975. Wenn du nicht religiös bist, woher nimmst du die Kraft, um wieder dein Gleichgewicht zu finden?
976. Wie oft gehst du zur Kirche?
    a) jeden Tag
    b) einmal pro Woche
    c) einmal pro Monat
    d) nur an Feiertagen
    e) nie
977. Wie sieht deine Kirche aus?
978. Welches Buch ist deine Lebens-»Bibel«?
979. Willst du begraben oder eingeäschert werden?
980. Glaubst du an einen physischen Himmel und eine Hölle? Wie wirkt sich dieser Glaube auf dein Leben aus?
981. Was betrachtest du als Sünde?
982. Welche Sünde begehst du am liebsten?
983. Glaubst du, dass die Religion die Menschen vereint, oder trennt sie sie? Warum?
984. Bist du getauft?
    Wie wurdest du getauft?
985. Wenn du dem Dalai Lama eine Frage stellen könntest, wie würde sie lauten?
986. Glaubst du an das Schicksal?
987. Forderst du dein Schicksal heraus, indem du auf einem Behindertenparkplatz parkst?

988. Kannst du gutes Karma kaufen?
Wie?
Und Vergebung?
Oder Liebe?
989. Warst du schon einmal in einer Situation, in der du dich durch einen Schutzengel beschützt gefühlt hast?
Was war das für eine Situation?
Wer war der Schutzengel?
990. Was hältst du davon, dass Katholiken Sünden nach einer Beichte vergeben sind?
Wie viele Ave Maria sind für Schokoladenkuchen erforderlich?
Für eine Affäre mit einem verheirateten Partner?
Für einen Autounfall, der verursacht wurde, weil der Fahrer ein Gespräch mit seinem Handy geführt hat?
991. Hast du Angst vor dem eigenen Tod?
992. Wohin wirst du nach deinem Tod deiner Meinung nach gehen?
In den Himmel?
Die Hölle?
Woandershin?
993. Betest du?
An wen richtest du deine Gebete?
Warum?

Fragen zu Finanzen

994. Wie ist es um deine finanzielle Gesundheit bestellt?
995. Was bedeutet Geld für dich?
996. Sparst du, oder gibst du lieber Geld aus?
997. Du ziehst in ein neues Viertel und machst mit dem Haus ein Schnäppchen, aber dieses »Schnäppchen« senkt den Wert der Häuser deiner neuen Nachbarn. Hättest du irgendwelche Bedenken, das Haus zu kaufen?
998. Bist du ein Spieler?
    Im Kasino?
    Auf dem Aktienmarkt?
    Im Leben?
    In der Liebe?
999. Für welche Dinge »wirfst« du Geld hinaus?
    a) Schuhe/Kleidung
    b) Zigaretten
    c) Alkohol
    d) Lotterielose
    e) Kuriergebühren für Bestellungen, die über Nacht geliefert werden
    f) Etwas anderes (bitte näher bezeichnen)
1000. Überziehst du dein Bankkonto?
    Aus welchen Gründen?
1001. Wie würdest du dich aus einer finanziellen Notlage herausmanövrieren?
1002. Wie würdest du dich von einem finanziellen Ruin erholen?

Monica, 28

Atlanta, Georgia – Make-up-Künstlerin, Stilistin

Ich bin polnischer Abstammung und hatte das Glück, ziemlich gut auszusehen, sodass ich ein paar Jahre als Model gearbeitet habe. Nach einiger Zeit auf dem Laufsteg machte ich eine richtige Ausbildung, wurde Steuerberaterin und arbeitete im Finanzbereich. Bald musste ich jedoch feststellen, dass mich diese Arbeit unsäglich langweilte, sodass ich dieses Leben aufgab und wieder in die Glamourwelt der Mode zurückkehrte, diesmal allerdings nicht vor der Kamera, sondern im Hintergrund, wo ich die Models als Make-up-Künstlerin für ihre Auftritte herrichte. Ich bin mit dieser neuen Karriere sehr zufrieden, denn ich bin eher der einfache, unauffällige Typ Mädchen, das in Blue Jeans und weißem T-Shirt herumläuft. Ich erwähne dies, damit Sie als Leser den Schock verstehen, den ich erlebte, als Paul, mein damaliger Partner, mir ein Geschenk machte.

Ich nehme an, dass die meisten Frauen sich über Spitzenunterwäsche freuen würden. Schließlich versuchte Paul nur, mich zu überraschen. Und das gelang ihm auch! Wie sonst kann man auf lilafarbene Dessous von Frederick's of Hollywood reagieren? Selbst wenn ich keine Jeans trage, würde ich niemals daran denken, so etwas anzuziehen. In einer Million Jahren nicht. Als er mir das Geschenk überreichte, murmelte ich ein paar Dankesworte und dachte so bei mir, dass dies ein weiteres Beispiel dafür war, wie wenig mein Freund darüber wusste, wer ich wirklich bin. Ich fragte ihn, was ihn dazu gebracht hatte, mir ein Geschenk bei Frederick's zu kaufen und nicht bei Neiman Marcus oder Victoria's Secrets, wo es verführerische Dessous gibt, die nicht nur für Strip-

perinnen gedacht sind. Er erwiderte: »Neiman Marcus oder Victoria's Secrets? Du machst wohl Witze. Die Sachen sind völlig überteuert.«
Dabei ging es mir gar nicht ums Geld, sondern darum, ob er eine ähnliche Vorstellung davon hat, was angemessen ist oder nicht. Ich vergleiche diesen Vorfall mit dem Erlebnis einer Freundin, die Emerson zitieren kann und von ihrem Freund zum Geburtstag eine Liebesschnulze als Geschenk erhielt. Nach der Episode mit der lilafarbenen Reizwäsche kam es zu einer Reihe von Streitigkeiten in Bezug auf Geldangelegenheiten. Ich bin durchaus gewillt, bei Restaurantbesuchen usw. meinen Teil zu bezahlen, aber jedes Mal, wenn wir einkaufen oder essen gingen, uns einen Film ansahen oder irgendetwas anderes unternahmen, war ich diejenige, die für beide bezahlte. Als ich dies kommentierte, meinte er, ich sei selbstsüchtig. Als der Cirque du Soleil in die Stadt kam, wollte ich mir die Show ansehen, da es für mich eine Verschmelzung aller kreativen Dinge ist – Make-up, Kostüme, die Mitwirkenden – und ungeheure Inspiration. Ich erklärte mich bereit, für mein Ticket zu bezahlen, wenn er mich begleiten würde. Seine Antwort: »Du machst wohl Witze. Geld für einen französischen Zirkus ausgeben?« Das reichte mir. Ich war fertig mit ihm. Vielleicht kann man unsere Trennung auf verschiedene Wertvorstellungen oder Ideen im Unterhaltungsbereich zurückführen, aber wir hatten einfach eine andere Einstellung zu Geld. Er fand, dass ich Geld für triviale und lächerliche Dinge ausgab. Ich war der Meinung, dass er billig war.

Ich hätte ihn gleich zu Anfang fragen sollen:
Was bedeutet Geld für dich?

1003. Prüfst du deine Kontosalden?
Wie oft? Wie genau?
1004. Würdest du einen Cent aufheben?
1005. Was kann man zurzeit am günstigsten für 25 Cent kaufen?
1006. Wie sieht die Zukunft der Futures-Märkte aus?
Des Aktienmarktes?
1007. Wenn dir jemand einen Insidertipp geben würde, der in der Öffentlichkeit nicht bekannt ist, würdest du ihn nutzen, um Geld zu machen?
1008. Wann würdest du einem Freund Geld leihen?
1009. Wann würdest du Geld als Geschenk annehmen?
1010. Wenn dir jemand 25 000 Euro hinterlassen würde, was würdest du damit machen?
1011. Trägst du Bargeld oder Kreditkarten mit dir herum?
1012. Was ist dein Kreditlimit?
Hast du es ganz ausgeschöpft?
Hat sich das gelohnt?
1013. Wie spiegeln deine Gewohnheiten beim Geldausgeben deine Wertvorstellungen wider?
1014. Würdest du lieber einen Artikel vom Allerbesten kaufen oder mehrere preiswertere Artikel?
1015. Wenn wir verheiratet wären, hätten wir dann zwei getrennte Konten, ein gemeinsames oder drei Konten?
1016. Welche ausstehenden Schulden hast du?
In emotionaler Hinsicht?
Innerhalb welcher Frist beabsichtigst du, sie abzuzahlen?
1017. Wofür wendest du den größten Prozentsatz deines Geldes auf?

1018. Wie viel hast du für deinen Ruhestand gespart?
1019. Würdest du eine Investition mit hohem Risiko und hohem Gewinn wagen, um zehn Jahre früher in den Ruhestand gehen zu können, oder würdest du lieber auf Nummer Sicher gehen?
1020. Hast du schon einmal ein Lotterielos gekauft?
Wenn du gewinnen würdest, was würdest du dann kaufen?
1021. Wie viel Geld brauchst du, um glücklich zu sein?

Fragen zum Allgemeinwissen/zur Kultur

Wir alle haben besondere Interessen, Vorlieben, Hobbys. Zu meinen zählen Radfahren, die Kunst, das Schreiben und Reisen. Ich wünsche mir einen Partner, der meine Interessen teilt, sodass wir in den Bereichen, die uns besonders wichtig sind, eine Verbindung aufbauen können. Es ist schwierig, gemeinsam zu wachsen – selbst wenn man seine Wissensgrundlagen erweitert –, wenn beide nicht Freude an denselben Dingen haben oder zumindest bereit sind, zu lernen, was den anderen außerhalb des Schlafzimmers erregt. Wenn ich also einen Mann frage, ob er die Blaue Frau von Matisse für eine Ode an Picasso oder einen Diebstahl halte, und er zugibt, dass er dies nicht wisse, dass es ihm egal sei oder ihn nicht interessiere, habe ich eine ziemlich gute Vorstellung davon, ob wir potenziell zusammenpassen.

Es folgen einige Fragen zum Bereich Allgemeinwissen, damit Sie auf diesem Gebiet einen Anfang machen können. Vielleicht können Sie sich eigene Fragen ausdenken, die darauf basieren, was Sie an der Welt, den Menschen, Dingen oder dem Leben im Allgemeinen fasziniert.

1. Worin besteht der Unterschied zwischen Laubbäumen und immergrünen Bäumen?
2. Was ist der Unterschied zwischen Slice und Putt?
3. Was ist eine Kumuluswolke? Was ist eine Kumulonimbus- und Zirruswolke?
4. Wann hast du zum letzten Mal im Gras gelegen und in den Himmel geschaut – und die Formen der Wolken beobachtet?
   Welche Formen hast du gesehen?
5. Warum ist der Himmel blau?
6. Warum fallen Flugzeuge nicht vom Himmel?
7. Wenn du Filmkritiker wärst, wie würdest du zwei der größten Filmepen aller Zeiten – Hidden Dragon, Crouching Tiger und Vom Winde verweht – miteinander vergleichen und einander gegenüberstellen?
8. Welches Buch hat dich mit seiner Brillanz beeindruckt?
9. Welches Kunstwerk erfüllt dich mit Freude, wenn du es betrachtest?
10. Kennst du den Unterschied zwischen einem Dessertlöffel und einem Suppenlöffel?
11. Kannst du einen Berufssportler nennen?
12. Was ist ein Abseits?

13. Wie hoch ist das Durchschnittsergebnis im Hockey?
14. Wie viele Wörter kannst du in 30 Sekunden auf Laus reimen?
15. Spielst du Krocket?
16. Wenn ich »rot« sagen würde, was würdest du dann sagen/woran würdest du denken?
17. Wenn ich »schwarz« sagen würde, was würdest du dann sagen/woran würdest du denken?
18. Wer ist dein Lieblingsdichter? Warum?
    Kannst du aus seinen Gedichten rezitieren?
19. Kannst du irgendetwas aus dem Gedächtnis aufsagen?
    Was?
20. Gab es schon einmal eine Situation in deinem Leben, in der du für deine Handlungen bekommen hast, was du verdient hast?
    Wie kam es dazu?
21. Kennst du den Unterschied zwischen Tango, Tonga und einem Tanga?
22. Kannst du den Großen Wagen am Nachthimmel finden?
    Wer hat dir beigebracht, ihn zu finden?
23. Was hast du dir selbst beigebracht?
24. Reparierst du deinen Wagen selbst oder gibst du ihn in die Werkstatt?
25. Kannst du einen Reifen wechseln?
26. Welchen Zweck erfüllt der Vergaser im Wagen?
27. Hat dein Wagen einen Vergaser oder Einspritzung?
28. Besitzt du Coffeetable-Bücher?
    Zu welchen Themen?

29. Woran erinnerst du dich am ehesten? An …
    a) Filmtitel
    b) Farben
    c) Telefonnummern
    d) den Gemüsepreis
    e) die Namen ehemaliger Partner
    f) Alltägliches aus der Geschichte
30. Hast du ein Lieblingswort?
31. Kannst du gut buchstabieren?
32. Hast du beim Buchstabieren in der Schule schon mal gewonnen?
33. Wärst du ein guter »Joker« bei »Wer wird Millionär«?
34. Welche Themen würden dir besonders gut liegen?
35. Welche Themen würden dir nicht liegen?
36. Welches Land, außer Russland, grenzt an Afghanistan?
37. Wie viele Kontinente gibt es?
    Kannst du sie alle nennen?
38. Hast du schon einmal eine Oper gesehen?
    Bist du während der Vorstellung eingeschlafen?
    Bei einem Ballett?
    Während einer Schulvorstellung?
39. Passen blaue Socken zu braunen Schuhen?
40. Was ist eine Schalotte?
41. Hast du schon mal Muscheln gegessen?
42. Wie viele Abgeordnete hat der Bundestag?
43. Wie viele Zentimeter hat ein Kilometer?
44. Wie viele Gramm hat ein Pfund?
45. Wie viele Milliliter hat ein Liter?

46. Wie viele Liter hat ein Kubikliter?
47. Wo befindet sich die Freiheitsglocke?
48. Welches ist der höchste Berg der Welt?
    In Deutschland?
49. Welches ist der längste Fluss der Welt?
    In Deutschland?
50. Wie viel haben die Holländer den Indianern für Manhattan Island gezahlt?

Genug – Sie wissen wahrscheinlich mittlerweile, worum es geht. Ich wünsche Ihnen viel Spaß!

Das ewige Feuer der Liebe

Wir alle sollten die Liebe kennen,
die uns zum Lodern bringt,
uns aus dem Leben entlässt
und uns kopfüber in ewige
Wonnen stürzt.
Die Wonnen fleischlicher, spiritueller,
intellektueller Vereinigung,
der Scheiterhaufen der Liebe.
Ich bitte dich,
mich zu packen.
Hör auf, mich mit deiner Existenz
zu necken.
Der Wind bewegt deinen Atem
neben meinem,
spielend, neckend,
ganz in meiner Nähe.
Ich bitte dich,
ein Streichholz zu werfen,
einen Stein zu entzünden.
Ich bitte dich,
mich in Brand zu stecken.
Ich will die flammende Verrücktheit erleben,

die intensive Hitze,
sodass ich zu deinen Füßen zerschmelze.
Ich bitte dich, Geliebter,
komm zu mir und
steck mich in Brand,
damit Tränen der Traurigkeit,
Einsamkeit,
des Verlangens wegschmelzen.
Brennende Lust soll
mein Bettgenosse sein,
bis der Morgen anbricht.

Literaturhinweise

Baggett, Bart, *The Secrets to Making Love Happen: Mastering Your Relationships Using Handwriting Analysis and NLP*, Empresse Publishing, 1993

DeAngelis, Barbara, *Are you the One For Me? Knowing Who's Right and Avoiding Who's Wrong*, Island Books/Dell Publishing Group, Inc., New York 1992

Fein, Ellen und Sherrie Schneider, *Die Kunst, den Mann fürs Leben zu finden*, Piper Verlag, München o. J.

Hamburg, Sam R., *Will Our Love Last? A Couple's Road Map*, Simon & Schuster, Inc., New York 2000

Hendrix, Harville, *So viel Liebe, wie du brauchst. Das Therapiebuch für eine erfüllte Beziehung*, Econ Taschenbuch Verlag, Düsseldorf 1992

Hickman, Sherry L., *Wow! Don't Wanna Get That!: A Guide to STDs*, Disc-Us Books, Inc., 2002

McGraw, Phillip C., *S.O.S. in der Liebe*, Moderne Verlagsgesellschaft, Frankfurt 2001

Olson, David H. und Amy K., *Empowering Couples: Building on Your Strengths*, Life Innovations, Inc., o. O. 2000

Peck, M. Scott, *Der wunderbare Weg. Eine neue Psychologie der Liebe und des spirituellen Wachstums*, Goldmann Verlag, München 1986

Reiss, Steven, *Who Am I? The 16 Basic Desires That Motivate Our Actions and Define Our Personalities*, Tarcher/Putnam, New York 2000

Schnarch, David, *Passionate Marriage: Keeping Love and Intimacy Alive in a Committed Relationship*, An Owl Book/Henry Holt and Company, Inc., New York 1997

Shield, Benjamin, *Das kleine Buch des Herzens*, Droemer Knaur, München 2000

Shoshanna, Brenda, *Why Men Leave*, Berkley Publishing Group, o. O. 1999

Sills, Judith, *A Fine Romance: The Passage of Courtship from Meeting to Marriage*, Ballantine Books, o. O. 1993

Sills, Judith, *Steh Dir nicht selbst im Weg. Leichter leben mit Methode*, Eichborn Verlag, Frankfurt/Main 1993

Sills, Judith, *How to Stop Looking for Someone Perfect and Find Someone to Love*, Ballantine Books, o. O. 1984

Sills, Judith, *Loving Men More, Needing Men Less*, Penguin Books, o. O. 1996

Warren, Neil Clark, *How to Know If Someone Is Worth Pursuing in Two Dates or Less*, Thomas Nelson, Inc., o. O. 1999

Warren, Neil Clark, *Wie finde ich den Partner fürs Leben? Zehn Prinzipien für die Wahl des richtigen Partners*, Schulte & Gerth, Asslar 1995

Informationen zum PREPARE-Test erhalten Sie von Carol A. Bochmann, Jahnstraße 11, 15366 Neuenhagen, Tel. 03342/247676, www.prepare-enrich.de

Register